L'espace littéraire
Literarische Texte für den Französischunterricht auf der Sekundarstufe II
Herausgeber: Heribert Walter

Voltaire

Candide ou l'Optimisme

Text und Materialien
herausgegeben und bearbeitet
von Heribert Walter

Cornelsen
HIRSCHGRABEN

Vorlage des Candide-Textes dieser Ausgabe:
Voltaire, Romans et contes. Texte établi sur l'édition de 1775, avec une présentation et des notes par Henri Benac (Ed. Garnier Frères, Paris 1960)

A cet endroit je tiens à remercier Mmes INGE BAUER, Karlsruhe, et BERNADETTE WALTER, Baden-Baden, du concours très apprécié qu'elles ont bien voulu apporter à la préparation de ces fascicules.
H.W.

Umschlagentwurf: bg design, Offenbach am Main (Umschlagbild: Moreau le Jeune; Foto: Bibliothèque Nationale)
Abbildungen S. 21 und 73 nach Fotos Bibliothèque Nationale

5. Auflage 1988
Alle Drucke dieser Auflage können, weil untereinander unverändert, im Unterricht nebeneinander verwendet werden.

Druck: Saladruck, Berlin
ISBN 3-454-61010-X
Vertrieb: Cornelsen Verlagsgesellschaft, Bielefeld
Bestellnummer 610100

TABLE DES MATIÈRES

Notes préparatoires 4
Faits biographiques, bibliographiques, historiques 6

Texte et devoirs
Chapitre premier 7
Chapitre second 10
Chapitre troisième 13
Chapitre quatrième............. 16
Chapitre cinquième 20
Chapitre sixième 24
Chapitre septième 27
Chapitre huitième.............. 29
Chapitre neuvième 33
Chapitre dixième 35
Résumés des chapitres onzième et douzième 37
Chapitre treizième 37
Chapitre quatorzième 40
Chapitre quinzième 43
Chapitre seizième 46
Chapitre dix-septième 50
Chapitre dix-huitième 54
Chapitre dix-neuvième.......... 60
Chapitre vingtième 65
Chapitre vingt-unième 67
Résumé du chapitre vingt-deuxième 69
Chapitre vingt-troisième 69
Résumés des chapitres vingt-quatrième à vingt-huitième 71
Chapitre vingt-neuvième 73
Chapitre trentième 75

Sujets de réflexion 80

Annexe I: Textes complémentaires
Causes finales 81
Une boucherie héroïque......... 82
Extrait du Poème sur le désastre de Lisbonne 83
Inquisition 83
Torture 84
Lettre à M. J.-J. Rousseau 85
L'esclavage à Saint-Domingue 86

Annexe II: Prolongement
Rire 87
Paul Hazard: La littérature de l'intelligence 88
L'engagement de Voltaire: Les «affaires» 90
Quelques jugements sur Candide . 91
L'actualité de Candide
1. Roland Barthes: Qu'avons-nous de commun, aujourd'hui, avec Voltaire? 92
2. Jean d'Ormesson: Le retour de Candide 92

NOTES PRÉPARATOIRES

Candide ou l'optimisme

Voilà le titre d'un conte qui, dans une œuvre immense, a le mieux résisté à l'usure du temps. Incomplet, certes, car Voltaire y ajoute un sous-titre aux références apparemment réalistes. Pourquoi éprouve-t-il le besoin d'inventer ce docteur Ralph dont il ne ferait que traduire l'œuvre? Pour le lecteur averti il s'agit, de toute évidence, d'une mesure de précaution de la part de Voltaire qui désavoue ses ouvrages pour mieux brouiller les pistes devant une répression judiciaire de plus en plus forte. Prudence qui avait d'autant plus de chances de tromper les censeurs que Voltaire avait des amis illustres outre-Rhin, comme Frédéric II, roi de Prusse. Admirateur de l'écrivain, philosophe et courtisan français, celui-ci n'hésite pas, après avoir fait brûler un ouvrage de Voltaire, à le faire arrêter à Francfort. Acte d'un «despote éclairé» en lequel Voltaire avait pourtant mis tant de confiance.

L'optimisme de Candide

Dans un monde où l'écrivain doit dissimuler ses intentions, renier ses œuvres et choisir ses demeures à proximité des frontières, un héros candide et optimiste constitue, par son nom même, un corps étranger. Comment va-t-il affronter ce monde avec ses «épouvantables calamités enchaînées les unes aux autres»? Aux antipodes de cet autre étranger, celui de Camus, qui ne peut s'imaginer l'autre vie que sous forme d'une vie «où je pourrais me souvenir de celle-ci», Candide n'aperçoit que du mal jusqu'à ce qu'il ait compris la leçon de sa vie et ne fasse plus que «cultiver son jardin».

Pourquoi Voltaire, lui-même optimiste à ses heures, s'en prend-il à ses adversaires d'une telle véhémence et d'un tel sarcasme? Qui sont ces hommes qui deviennent la cible de sa raillerie impitoyable?

Le «meilleur des mondes possibles»

Au début du XVIIIe siècle, le célèbre philosophe et mathématicien génial, l'Allemand Gottfried Wilhelm Leibniz (1646—1716), avait publié un livre intitulé **Théodicée** (1710). Dans cet ouvrage l'auteur entreprend d'expliquer le Mal et de justifier l'ordre de l'univers. Selon lui, «les défauts apparents du monde entier, ces taches d'un soleil dont le nôtre n'est qu'un rayon, relèvent sa beauté bien loin de la diminuer». En résumé d'une pensée complexe on cite cette phrase qui, dans le **Candide** de Voltaire, est devenue une des phrases-clé: «Tout est pour le mieux dans le meilleur des mondes possibles.»

C'est par l'intermédiaire de Christian Wolff (1679—1754), disciple de Leibniz, que Voltaire a connu la pensée du grand philosophe. Dans les formules de l'épigone, les idées du maître se transforment trop facilement en un optimisme superficiel et béat. Vers le milieu du siècle, cette théorie de l'optimisme reprend de la vigueur. Elle cadre bien, en effet, avec la sensibilité du siècle des Lumières qui croit en l'harmonie préétablie entre les êtres, la fraternité entre les hommes, et la confiance en le progrès. C'est justement cette euphorie basée sur une harmonie profonde entre l'homme et la Providence qui peut servir de point de repère à tout optimiste.

Bonheur et pessimisme

Comment le passage d'un bonheur irréfléchi à l'inquiétude et au pessimisme s'est-il opéré chez Voltaire? N'avait-il pas, tout au long de sa vie, combattu Pascal et sa vision d'un homme tremblant entre deux infinis, l'infiniment grand et l'infiniment petit? Quel décalage entre la propagande de bonheur et la constatation du Derviche dans «Candide» qu'«eil y a horriblement de mal sur la terre»! Si selon Leibniz «les ombres rehaussent les couleurs», il n'est plus question de couleurs dans ce conte de Voltaire que pour esquisser une illusion qui est aussitôt détruite.

Certes, Voltaire a connu, en dehors de succès extraordinaires et des délices du triomphe, sa part de tracasseries, de déceptions et d'échecs. Mais ce n'est qu'avec deux événements qu'il bascule définitivement vers ce pessimisme agressif qui l'inspire dans sa lutte contre l'«Infâme», cette communauté de fanatiques et d'intolérants de tous bords: c'est d'une part le tremblement de terre à Lisbonne le 24 novembre 1755 qui aurait fait entre 25 000 et 40 000 morts et d'autre part la Guerre de Sept Ans, déclarée le 18 mai 1756, source, comme toutes les guerres, d'indicibles atrocités et de souffrances.

C'est devant cet arrière-plan qu'il faut lire et comprendre le conte que voici.

Faits biographiques			*Faits bibliographiques* Faits historiques
Naissance de François-Marie Arouet	1694		
à Paris (21 nov.)			
Père: François Arouet, conseiller du Roi			
Mère: Marie-Catherine Daumart			
Mort de Madame Arouet	1701		
Elève des jésuites (entrée au Collège	1704		
Louis le Grand)			
Disciple du Temple	1706		
Etudiant en Droit	1711		
		1715	Mort de Louis XIV
En prison à la Bastille	1717	1715-23	Régence
Prend le nom de VOLTAIRE	1719		
		1721	Montesquieu: *Lettres persanes*
Deuxième séjour en prison et	1726		
Exil à Londres	1726-28	1728	*La Henriade*
		1732	*Zaïre*
«L'Ermite» de Cirey (Lorraine)	1734-44	1734	*Lettres aux Anglais ou*
V. chez Mme de Châtelet			*Lettres philosophiques*
		1736	Lecture des Œuvres de Wolff,
			disciple de Leibniz
		1738	*Eléments de la Philosophie de Newton*
V. historiographe du Roi	1745		
Election à l'Académie française	1746		
		1747	*Zadig*
Mort de Mme du Châtelet	1749		
V. chambellan de Frédéric II	1750		
		1751	*Le siècle de Louis XIV*
		1751-80	Diderot: *Encyclopédie*
		1752	*Micromégas*
V. quitte Berlin	1753		
V. arrive aux Délices (près de	1755	1755	Tremblement de terre de Lisbonne
Genève)		1756	*Poème sur le désastre de Lisbonne*
			Début de la Guerre de Sept Ans
			Essai sur les mœurs
Acquisition du domaine de Ferney	1758		
Acquisition du domaine de Tournay			
		1759	CANDIDE
Le Seigneur de Ferney	1760-78		
		1763	*Traité sur la Tolérance*
		1764	*Dictionnaire philosophique*
		1775	Publication des Œuvres Complètes
Retour triomphal à Paris	1778		
Mort de Voltaire (30 mai)			

CANDIDE OU L'OPTIMISME,

TRADUIT DE L'ALLEMAND

DE MR. LE DOCTEUR RALPH,

AVEC LES ADDITIONS QU'ON A TROUVÉES DANS LA POCHE
DU DOCTEUR, LORSQU'IL MOURUT A MINDEN, L'AN DE GRACE 1759.

CHAPITRE PREMIER.

COMMENT CANDIDE FUT ÉLEVÉ DANS UN BEAU CHATEAU, ET COMMENT IL FUT CHASSÉ D'ICELUI.

Il y avait en Vestphalie, dans le château de monsieur le baron de Thunder-ten-tronckh, un jeune garçon à qui la nature avait donné les mœurs les plus douces. Sa physionomie annonçait son âme. Il avait le jugement assez droit, avec l'esprit le plus simple; c'est, je crois, pour cette raison qu'on le nommait Candide. Les anciens domestiques de la maison soupçonnaient qu'il était fils de la sœur de monsieur le baron, et d'un bon et honnête gentilhomme du voisinage, que cette demoiselle ne voulut jamais épouser parce qu'il n'avait pu prouver que soixante et onze quartiers, et que le reste de son arbre généalogique avait été perdu par l'injure du temps.

Monsieur le baron était un des plus puissants seigneurs de la Vestphalie, car son château avait une porte et des fenêtres. Sa grande salle même était ornée d'une tapisserie. Tous les chiens de ses basses-cours composaient une meute dans le besoin; ses palefreniers étaient ses piqueurs; le vicaire du village était son grand aumônier. Ils l'appelaient tous Monseigneur, et ils riaient quand il faisait des contes.

Madame la baronne, qui pesait environ trois cent cinquante livres, s'attirait par là une très grande considération, et faisait les honneurs de la maison avec une dignité qui la rendait encore plus respectable. Sa fille Cunégonde, âgée de dix-sept ans, était haute en couleur, fraîche, grasse, appétissante. Le fils du

[2] **candide** sincère, naïf, crédule — [3] **icelui** (vx) celui-ci (vieilli déjà à l'époque où Voltaire écrit) — [11] **les quartiers** (m) degré de descendance noble — **l'arbre généalogique** Stammbaum — [12] **l'injure** (f) **du temps** dommage causé par le temps et les éléments (littér., cf. all. Zahn der Zeit) — [14] **orner** décorer — [15] **la basse-cour** cour de ferme réservée à l'élevage des petits animaux domestiques (surtout de la volaille) — **la meute** troupe de chiens dressés pour la chasse — [16] **dans le besoin** en cas de besoin — **le palefrenier** valet, ouvrier chargé du soin des chevaux — **le piqueur** valet de meute — [17] **l'aumônier** (m) ici: prêtre du château — [19] **350 livres** environ 150 kilos — [22] **haut, e en couleur** se dit d'un personnage pittoresque.

baron paraissait en tout digne de son père. Le précepteur Pangloss était l'oracle de la maison, et le petit Candide écoutait ses leçons avec toute la bonne foi de son âge et de son caractère.

Pangloss enseignait la métaphysico-théologo-cosmolonigologie. Il prouvait admirablement qu'il n'y a point d'effet sans cause, et que, dans ce meilleur des mondes possibles, le château de monseigneur le baron était le plus beau des châteaux, et madame la meilleure des baronnes possibles.

«Il est démontré, disait-il, que les choses ne peuvent être autrement : car tout étant fait pour une fin, tout est nécessairement pour la meilleure fin. Remarquez bien que les nez ont été faits pour porter des lunettes; aussi avons-nous des lunettes. Les jambes sont visiblement instituées pour être chaussées, et nous avons des chausses. Les pierres ont été formées pour être taillées et pour en faire des châteaux; aussi monseigneur a un très beau château: le plus grand baron de la province doit être le mieux logé; et les cochons étant faits pour être mangés, nous mangeons du porc toute l'année. Par conséquent, ceux qui ont avancé que tout est bien ont dit une sottise: il fallait dire que tout est au mieux.»

Candide écoutait attentivement, et croyait innocemment : car il trouvait mademoiselle Cunégonde extrêmement belle, quoiqu'il ne prît jamais la hardiesse de le lui dire. Il concluait qu'après le bonheur d'être né baron de Thunder-ten-tronckh, le second degré de bonheur était d'être mademoiselle Cunégonde; le troisième, de la voir tous les jours; et le quatrième, d'entendre maître Pangloss, le plus grand philosophe de la province, et par conséquent de toute la terre.

Un jour, Cunégonde, en se promenant auprès du château, dans le petit bois qu'on appelait parc, vit entre des broussailles le docteur Pangloss qui donnait une leçon de physique expérimentale à la femme de chambre de sa mère, petite brune très jolie et très docile. Comme mademoiselle Cunégonde avait beaucoup de disposition pour les sciences, elle observa, sans souffler, les expériences réitérées dont elle fut témoin; elle vit clairement la raison suffisante du docteur, les effets et les causes, et s'en retourna tout agitée, toute pensive, toute remplie du désir d'être savante, songeant qu'elle pourrait bien être la raison suffisante du jeune Candide, qui pouvait aussi être la sienne.

Elle rencontra Candide en revenant au château, et rougit; Candide rougit aussi; elle lui dit bonjour d'une voix entrecoupée, et Candide lui parla sans

[23] **le précepteur** personne chargée de l'éducation d'un enfant (de famille noble) - **l'oracle** (m) personne qui parle avec autorité et compétence — [26] **la métaphysico-. . .** terme satirique créé par Voltaire — [37] **le porc** [pɔr] viande du cochon — [38] **avancer** ici: affirmer — [48] **les broussailles** (f) végétation touffue des terrains non cultivés — [50] **docile** qui obéit facilement — [52] **réitérer** répéter — **la raison suffisante** ce qui suffit à expliquer une cause (terme philosophique: Leibniz) — [57] **entrecoupé,e** interrompu par des intervalles (stockend).

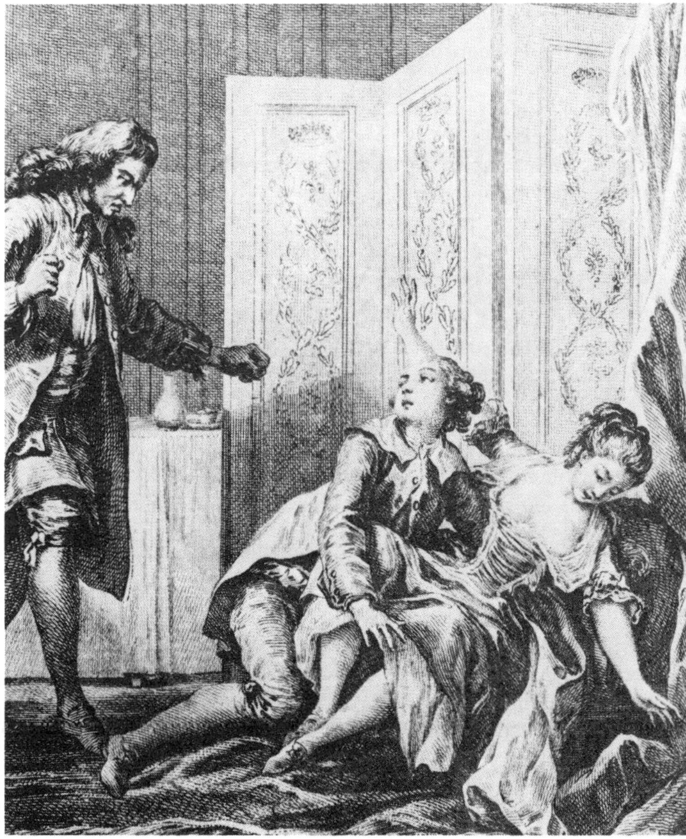

savoir ce qu'il disait. Le lendemain, après le dîner, comme on sortait de table, Cunégonde et Candide se trouvèrent derrière un paravent; Cunégonde laissa tomber son mouchoir, Candide le ramassa; elle lui prit innocemment la main; le jeune homme baisa innocemment la main de la jeune demoiselle avec une vivacité, une sensibilité, une grâce toute particulière; leurs bouches se rencontrèrent, leurs yeux s'enflammèrent, leurs genoux tremblèrent, leurs mains s'égarèrent. Monsieur le baron de Thunder-ten-tronckh passa auprès du paravent, et, voyant cette cause et cet effet, chassa Candide du château à grands coups de pied dans le derrière; Cunégonde s'évanouit : elle fut souffletée par madame la baronne dès qu'elle fut revenue à elle-même; et tout fut consterné dans le plus beau et le plus agréable des châteaux possibles.

[59] **le paravent** meuble qui protège contre le courant d'air — [64] **s'égarer** perdre son chemin — [66] **souffleter qn** gifler (ohrfeigen) — [67] **consterné,e** abattu.

I. Compréhension

1. Résumez les événements qui se déroulent au premier chapitre et situez-les dans le cadre du récit.
2. Dressez la liste des personnages principaux avec leurs traits de caractère tels que Voltaire les dépeint.
3. Relevez des exemples du langage philosophique par lequel Voltaire veut railler la philosophie optimiste de son époque.
4. Repérez les éléments qui constituent une satire du roman d'amour de l'époque.
5. Dans le titre, Voltaire pose déjà le problème de son conte. Le premier chapitre indique les premières réponses. Développez ce thème.

II. Le style

1. Par quels moyens l'auteur de ce conte philosophique ridiculise-t-il le monde de *Thunder-ten-tronckh?*
2. Notez la périphrase satirique de l'amour dans «le parc»; comment Voltaire procède-t-il pour obtenir un effet comique?
3. Comment le narrateur signale-t-il la fin de la parodie du roman sentimental?

III. La structure du conte

1. La «vie de château»: symbole du paradis? Qu'est-ce qui sonne faux dans ce paradis terrestre?
2. Etablissez un rapport entre la chute du récit biblique et la fin du premier chapitre.
3. Sauriez-vous prononcer des pronostics sur le développement général du conte?
4. Dessinez un diagramme qui schématise l'éclatement du paradis terrestre.

(IV. Travail en équipe)

Préparez un compte rendu de lecture du texte «Causes finales» du Dictionnaire philosophique de Voltaire (v. Annexe, p. 81).

CHAPITRE SECOND.

CE QUE DEVINT CANDIDE PARMI LES BULGARES.

Candide, chassé du paradis terrestre, marcha longtemps sans savoir où, pleurant, levant les yeux au ciel, les tournant souvent vers le plus beau des châteaux, qui renfermait la plus belle des baronnettes, il se coucha sans souper au milieu des champs entre deux sillons; la neige tombait à gros flocons. Candide, tout transi, se traîna le lendemain vers la ville voisine, qui s'appelle

[6] **le sillon** [sijɔ̃] Ackerfurche — [7] **transi,e** épuisé.

Valdberghoff-trarbk-dikdorff, n'avant point d'argent, mourant de faim, et de lassitude. Il s'arrêta tristement à la porte d'un cabaret.

Deux hommes habillés de bleu le remarquèrent: «Camarade, dit l'un, voilà un jeune homme très bien fait, et qui a la taille requise.» Ils s'avancèrent vers Candide, et le prièrent à dîner très civilement. — «Messieurs, leur dit Candide avec une modestie charmante, vous me faites beaucoup d'honneur, mais je n'ai pas de quoi payer mon écot. — Ah! monsieur, lui dit un des bleus, les personnes de votre figure et de votre mérite ne payent jamais rien: n'avez-vous pas cinq pieds cinq pouces de haut? — Oui, messieurs, c'est ma taille, dit-il en faisant la révérence. — Ah! monsieur, mettez-vous à table; non seulement nous vous défrayerons, mais nous ne souffrirons jamais qu'un homme comme vous manque d'argent; les hommes ne sont faits que pour se secourir les uns les autres. — Vous avez raison, dit Candide; c'est ce que monsieur Pangloss m'a toujours dit, et je vois bien que tout est au mieux.» On le prie d'accepter quelques écus, il les prend et veut faire son billet; on n'en veut point, on se met à table. «N'aimez-vous pas tendrement?... — Oh! oui, répond-il, j'aime tendrement mademoiselle Cunégonde. — Non, dit l'un de ces messieurs, nous vous demandons si vous n'aimez pas tendrement le roi des Bulgares? — Point du tout, dit-il, car je ne l'ai jamais vu. — Comment! c'est le plus charmant des rois, et il faut boire à sa santé. — Oh! très volontiers, messieurs.» Et il boit. «C'en est assez, lui dit-on, vous voilà l'appui, le soutien, le défenseur, le héros des Bulgares; votre fortune est faite, et votre gloire est assurée. «On lui met sur-le-champ les fers aux pieds, et on le mène au régiment. On le fait tourner à droite, à gauche, hausser la baguette, remettre la baguette, coucher en joue, tirer, doubler le pas, et on lui donne trente coups de bâton; le lendemain, il fait l'exercice un peu moins mal, et il ne reçoit que vingt coups; le surlendemain, on ne lui en donne que dix, et il est regardé par ses camarades comme un prodige.

Candide, tout stupéfait, ne démêlait pas encore trop bien comment il était un héros. Il s'avisa un beau jour de printemps de s'aller promener, marchant tout droit devant lui, croyant que c'était un privilège de l'espèce humaine, comme de l'espèce animale, de se servir de ses jambes à son plaisir. Il n'eut pas fait deux lieues que voilà quatre autres héros de six pieds qui l'atteignent, qui le lient, qui le mènent dans un cachot. On lui demanda juridiquement ce qu'il

[9] **la lassitude** extrême fatigue — **le cabaret** (vx) établissement où l'on sert des boissons — [12] **civilement** poliment — [14] **l'écot** (m) payer son écot: payer sa part pour un repas à frais commun — [16] **le pied** 33 centimètres environ — **le pouce** la douzième partie du pied — [18] **défrayer qn** payer pour qn — [22] **l'écu** (m) ancienne pièce de 5 francs en argent — **le billet** reconnaissance de dette (Schuldschein) — [31] **la baguette** bâton qui servait à presser la charge dans le canon du fusil — **coucher en joue** das Gewehr anlegen — [35] **le prodige** personne extraordinaire par ses talents — [36] **démêler** comprendre — [37] **s'aviser de** ici: essayer — **s'aller promener** aller se promener — [40] **la lieue** ancienne mesure de distance d'environ 4 km — [41] **le cachot** cellule obscure.

aimait le mieux d'être fustigé trente-six fois par tout le régiment, ou de recevoir à la fois douze balles de plomb dans la cervelle. Il eut beau dire que les volontés sont libres, et qu'il ne voulait ni l'un ni l'autre, il fallut faire un choix: il se détermina, en vertu du don de Dieu qu'on nomme *liberté*, à passer trente-six fois par les baguettes; il essuya deux promenades. Le régiment était composé de deux mille hommes. Cela lui composa quatre mille coups de baguettes, qui, depuis la nuque du cou jusqu'au cul, lui découvrirent les muscles et les nerfs. Comme on allait procéder à la troisième course, Candide, n'en pouvant plus, demanda en grâce qu'on voulût bien avoir la bonté de lui casser la tête: il obtint cette faveur; on lui bande les yeux; on le fait mettre à genoux. Le roi des Bulgares passe dans ce moment, s'informe du crime du patient; et comme ce roi avait un grand génie, il comprit, par tout ce qu'il apprit de Candide, que c'était un jeune métaphysicien fort ignorant des choses de ce monde, et il lui accorda sa grâce avec une clémence qui sera louée dans tous les journaux et dans tous les siècles. Un brave chirurgien guérit Candide en trois semaines avec les émollients enseignés par Dioscoride. Il avait déjà un peu de peau, et pouvait marcher, quand le roi des Bulgares livra bataille au roi des Abares.

I. Compréhension

1. Montrez le comportement naïf de Candide devant la réalité de son embrigadement.
2. Tracez les étapes qui le mènent au régiment.
3. Quels passages représentent un dialogue de sourds (un quiproquo)?
4. Résumez les événements du chapitre second sans employer les éléments de style qu'emploie le narrateur.

II. Le style

1. Dans quel but Voltaire choisit-il des noms de lieu comme Valdberghoff-trarbk-dikdorff ou Thunder-ten-tronckh?
2. Relevez les exemples d'ironie dont se compose la satire de l'armée.
3. Mettez en relief tous les slogans de Pangloss(-Wolff-Leibniz) que Candide, disciple docile de son maître en philosophie profère à tout propos.
4. Dégagez du texte les euphémismes et opposez-leur la réalité brutale.

42 **fustiger qn** battre à coups de bâton — 43 **la cervelle** substance constituant le cerveau — 46 **les baguettes** (f) bâtons dont on frappait les soldats; **passer par les b.** Spießruten laufen — essuyer supporter, subir — 53 **le patient** ici: personne qui va subir un supplice — 55 **la clémence** vertu qui consiste à pardonner les offenses — 57 **les émollients** [jɑ̃] (méd.) remède — **Dioscoride** médecin grec du Ier siècle après J.-C., célèbre pour ses recettes bizarres — 59 **les Abares** peuple d'origine mongole. On suppose que le roi des Bulgares est Frédéric II; le roi des Abares est le roi de France.

III. Le thème et la structure du chapitre second

1. Développez le thème de la liberté tel qu'il est exposé par Voltaire dans le second chapitre.
2. Enumérez les malheurs qui arrivent à Candide contredisant ainsi son optimisme.
3. Dessinez un diagramme en zigzag montrant la structure des deux premiers chapitres. Indiquez les hauts et les bas dans l'affrontement de Candide avec le monde.

CHAPITRE TROISIÈME.

COMMENT CANDIDE SE SAUVA D'ENTRE LES BULGARES, ET CE QU'IL DEVINT.

Rien n'était si beau, si leste, si brillant, si bien ordonné que les deux armées. Les trompettes, les fifres, les hautbois, les tambours, les canons, formaient une harmonie telle qu'il n'y en eut jamais en enfer. Les canons renversèrent d'abord à peu près six mille hommes de chaque côté; ensuite la mousqueterie ôta du meilleur des mondes environ neuf à dix mille coquins qui en infectaient la surface. La baïonnette fut aussi la raison suffisante de la mort de quelques milliers d'hommes. Le tout pouvait bien se monter à une trentaine de mille âmes. Candide, qui tremblait comme un philosophe, se cacha du mieux qu'il put pendant cette boucherie héroïque.

Enfin, tandis que les deux rois faisaient chanter des *Te Deum*, chacun dans son camp, il prit le parti d'aller raisonner ailleurs des effets et des causes. Il passa par-dessus des tas de morts et de mourants, et gagna d'abord un village voisin; il était en cendres: c'était un village abare que les Bulgares avaient brûlé, selon les lois du droit public. Ici des vieillards criblés de coups regardaient mourir leurs femmes égorgées, qui tenaient leurs enfants à leurs mamelles sanglantes; là des filles, éventrées après avoir assouvi les besoins naturels de quelques héros, rendaient les derniers soupirs; d'autres, à demi brûlées, criaient qu'on achevât de leur donner la mort. Des cervelles étaient répandues sur la terre à côté de bras et de jambes coupés.

Candide s'enfuit au plus vite dans un autre village: il appartenait à des Bulgares, et les héros abares l'avaient traité de même. Candide, toujours marchant sur des membres palpitants, ou à travers des ruines, arriva enfin hors du théâtre de la guerre, portant quelques petites provisions dans son bissac, et

[3] **leste** qui a de la légèreté dans ses mouvements — [4] **le fifre** petite flûte en bois — **le hautbois** Oboe — [6] **la mousqueterie** décharge de mousquets (fusils) — [7] **le coquin, la -ine** bandit, canaille — **infecter** communiquer l'infection à — [16] **cribler** percer de trous — [17] **égorger** tuer en coupant la gorge (le cou) — [18] **les mamelles** (f) poitrine — **éventrer qn** tuer en ouvrant le ventre — **assouvir** satisfaire — [24] **palpiter** être agité de frémissements convulsifs — [25] **le bissac** (vx) sac à provisions (la besace).

n'oubliant jamais mademoiselle Cunégonde. Ses provisions lui manquèrent quand il fut en Hollande; mais ayant entendu dire que tout le monde était riche dans ce pays-là, et qu'on y était chrétien, il ne douta pas qu'on ne le traitât aussi bien qu'il l'avait été dans le château de monsieur le baron, avant qu'il en eût été chassé pour les beaux yeux de mademoiselle Cunégonde.

Il demanda l'aumône à plusieurs graves personnages, qui lui répondirent tous que, s'il continuait à faire ce métier, on l'enfermerait dans une maison de correction pour lui apprendre à vivre.

Il s'adressa ensuite à un homme qui venait de parler tout seul une heure de suite sur la charité dans une grande assemblée. Cet orateur, le regardant de travers, lui dit : «Que venez-vous faire ici? y êtes-vous pour la bonne cause? — Il n'y a point d'effet sans cause, répondit modestement Candide; tout est enchaîné nécessairement, et arrangé pour le mieux. Il a fallu que je fusse chassé d'auprès de mademoiselle Cunégonde, que j'aie passé par les baguettes, et il faut que je demande mon pain, jusqu'à ce que je puisse en gagner; tout cela ne pouvait être autrement. — Mon ami, lui dit l'orateur, croyez-vous que le pape soit l'Antéchrist? — Je ne l'avais pas encore entendu dire, répondit Candide; mais, qu'il le soit on qu'il ne le soit pas, je manque de pain. — Tu ne mérites pas d'en manger, dit l'autre; va, coquin; va, misérable, ne m'approche de ta vie.» La femme de l'orateur ayant mis la tête à la fenêtre, et avisant un homme qui doutait que le pape fût antéchrist, lui répandit sur le chef un plein... O ciel! à quel excès se porte le zèle de la religion dans les dames!

Un homme qui n'avait point été baptisé, un bon anabaptiste, nommé Jacques, vit la manière cruelle et ignominieuse dont on traitait ainsi un de ses frères, un être à deux pieds sans plumes, qui avait une âme; il l'emmena chez lui, le nettoya, lui donna du pain et de la bière, lui fit présent de deux florins, et voulut même lui apprendre à travailler dans ses manufactures aux étoffes de Perse qu'on fabrique en Hollande. Candide, se prosternant presque devant lui, s'écriait: «Maître Pangloss me l'avait bien dit que tout est au mieux dans ce monde, car je suis infiniment plus touché de votre extrême générosité que de la dureté de ce monsieur à manteau noir, et de madame son épouse.»

Le lendemain, en se promenant, il rencontra un gueux tout couvert de pustules, les yeux morts, le bout du nez rongé, la bouche de travers, les dents noires, et parlant de la gorge, tourmenté d'une toux violente, et crachant une dent à chaque effort.

31 **l'aumône** (f) don charitable fait aux pauvres — 32 **la maison de correction** prison — 47 **le zèle** dévouement, empressement — 48 **baptiser** [batize] taufen — **l'anabaptiste** (m) membre d'une secte qui refusait le baptême des petits enfants et qui ne baptisaient que les adultes — 49 **ignominieux, -se** honteux — 51 **le florin** monnaie hollandaise — 53 **se prosterner** se jeter par terre par respect et gratitude — 57 **le gueux, la gueuse** (vx) homme, femme misérable.

1) Relevez la satire de la guerre, de la religion et essayez d'expliquer pourquoi V. parle-t-il de ce chapitre de la guerre et religion en même temps

I. Compréhension

1. Dégagez du texte, sans entrer dans les détails du style, les événements principaux de ce chapitre.
2. Montrez, à l'aide d'un diagramme, comment les brefs moments d'espoir sont toujours suivis par de nouveaux malheurs ou des catastrophes.
3. Par quels procédés de style Voltaire entreprend-il la démystification de la guerre et de la religion?
4. Est-ce un hasard que la guerre et la religion soient traitées dans un seul chapitre?
5. Grâce aux procédés de style, l'un des passages est plus distancié que l'autre. Lequel? Montrez que le passage réaliste n'est pas du réalisme pur.
6. Quel «message» Voltaire entend-il donner par l'intermédiaire du personnage de l'anabaptiste Jacques?

(II. Travail en groupe)

1. Analysez le jargon philosophique en insistant sur sa fonction satirique.
2. Etudiez la définition du mot «esprit» de Voltaire (v. Annexe II, p. 88, l. 21—29) et expliquez lesquels des éléments sont surtout employés dans ce chapitre pour produire un effet comique.

Travaux pratiques

1. *Remplacez les mots en italique par une autre expression:*
   — Candide marchait sur des membres *qui s'agitaient en convulsion.*
   — Des femmes tenaient leurs enfants à *leur poitrine sanglante.*
   — Des vieillards étaient *troués* de coups.
   — Candide était si affamé et misérable qu'il a demandé *la charité* en Hollande.
   — Plein de gratitude il s'est presque *jeté devant les pieds de* son bienfaiteur Jacques.
2. *Traduisez:*
   — La bayonnette fut la raison suffisante de la mort de quelques milliers d'hommes.
   — Candide arriva enfin hors du théâtre de la guerre.
   — Il se cacha du mieux qu'il put.
3. *Expliquez l'emploi du subjonctif:*
   (Déterminez le présent et l'imparfait du subjonctif.)
   — Ils criaient qu'on achevât de leur donner la mort.
   — Candide ne douta pas qu'on ne le traitât bien.
   — Il avait été bien traité dans le château de monsieur le baron avant qu'il en eût été chassé.
   — «Il a fallu que je fusse chassé d'auprès de mademoiselle Cunégonde», dit-il.
   — «Il faut que je demande mon pain, jusqu'à ce que je puisse en gagner.»
   — «Croyez-vous que le Pape soit l'antéchrist?» demanda l'orateur.
   — «Qu'il le soit, ou qu'il ne le soit pas, je manque de pain», répondit Candide.

4. *Traduisez le passage* «Rien n'était si beau...» (l. 3) jusqu'à «... boucherie héroïque» *et comparez votre traduction à la traduction littéraire à la page 82.*
Consultez le dictionnaire unilingue pour les mots ou expressions dont la traduction littéraire s'éloigne de la vôtre. Essayez d'expliquer votre choix et celui du traducteur professionnel.
Comparez plusieurs variantes entre camarades de classe et discutez les problèmes de style qui en résultent.

CHAPITRE QUATRIÈME.

COMMENT CANDIDE RENCONTRA SON ANCIEN MAITRE DE PHILOSOPHIE, LE DOCTEUR PANGLOSS, ET CE QUI EN ADVINT.

Candide, plus ému encore de compassion que d'horreur, donna à cet épouvantable gueux les deux florins qu'il avait reçus de son honnête anabaptiste Jacques. Le fantôme le regarda fixement, versa des larmes, et sauta à son cou. Candide, effrayé, recule. «Hélas! dit le misérable à l'autre misérable, ne reconnaissez-vous plus votre cher Pangloss? — Qu'entends-je? Vous, mon cher maître! vous, dans cet état horrible! Quel malheur vous est-il donc arrivé? Pourquoi n'êtes-vous plus dans le plus beau des châteaux? Qu'est devenue mademoiselle Cunégonde, la perle des filles, le chef-d'œuvre de la nature? — Je n'en peux plus, dit Pangloss.» Aussitôt Candide le mena dans l'étable de l'anabaptiste, où il lui fit manger un peu de pain; et quand Pangloss fut refait: «Eh bien! lui dit-il, Cunégonde? — Elle est morte, reprit l'autre.» Candide s'évanouit à ce mot; son ami rappela ses sens avec un peu de mauvais vinaigre qui se trouva par hasard dans l'étable. Candide rouvre les yeux. «Cunégonde est morte! Ah! meilleur des mondes, où êtes-vous? Mais de quelle maladie est-elle morte? Ne serait-ce point de m'avoir vu chasser du beau château de monsieur son père à grands coups de pied? — Non, dit Pangloss, elle a été éventrée par des soldats bulgares, après avoir été violée autant qu'on peut l'être; ils ont cassé la tête à monsieur le baron, qui voulait la défendre; madame la baronne a été coupée en morceaux; mon pauvre pupille, traité précisément comme sa sœur; et quant au château, il n'est pas resté pierre sur pierre, pas une grange, pas un mouton, pas un canard, pas un arbre; mais nous avons été bien vengés, car les Abares en ont fait autant dans une baronnie voisine qui appartenait à un seigneur bulgare.»

[3] **advenir** arriver (geschehen) — [13] **l'étable** (f) abri pour les animaux domestiques comme la vache, etc. (cheval: l'écurie (f); mouton: le bercail) — [14] **refaire qn** réparer les forces — [22] **le pupille** enfant confié à un gouverneur.

A ce discours, Candide s'évanouit encore; mais, revenu à soi et ayant dit tout ce qu'il devait dire, il s'enquit de la cause et de l'effet, et de la raison suffisante qui avaient mis Pangloss dans un si piteux état. «Hélas! dit l'autre, c'est l'amour: l'amour, le consolateur du genre humain, le conservateur de l'univers, l'âme de tous les êtres sensibles, le tendre amour. — Hélas! dit Candide, je l'ai connu, cet amour, ce souverain des cœurs, cette âme de notre âme; il ne m'a jamais valu qu'un baiser et vingt coups de pied au cul. Comment cette belle cause a-t-elle pu produire en vous un effet si abominable?»

Pangloss répondit en ces termes: «O mon cher Candide! vous avez connu Paquette, cette jolie suivante de notre auguste baronne; j'ai goûté dans ses bras les délices du paradis, qui ont produit ces tourments d'enfer dont vous me voyez dévoré; elle en était infectée, elle en est peut-être morte. Paquette tenait ce présent d'un cordelier très savant qui avait remonté à la source, car il l'avait eu d'une vieille comtesse, qui l'avait reçu d'un capitaine de cavalerie, qui le devait à une marquise, qui le tenait d'un page, qui l'avait reçu d'un jésuite qui, étant novice, l'avait eu en droite ligne d'un des compagnons de Christophe Colomb. Pour moi, je ne le donnerai à personne, car je me meurs.

— O Pangloss! s'écria Candide, voilà une étrange généalogie! n'est-ce pas le diable qui en fut la souche? — Point du tout, répliqua ce grand homme; c'était une chose indispensable dans le meilleur des mondes, un ingrédient nécessaire: car si Colomb n'avait pas attrapé dans une île de l'Amérique cette maladie qui empoisonne la source de la génération, qui souvent même empêche la génération, et qui est évidemment l'opposé du grand but de la nature, nous n'aurions ni le chocolat ni la cochenille; il faut encore observer que jusqu'aujourd'hui, dans notre continent, cette maladie nous est particulière, comme la controverse. Les Turcs, les Indiens, les Persans, les Chinois, les Siamois, les Japonais, ne la connaissent pas encore; mais il y a une raison suffisante pour qu'ils la connaissent à leur tour dans quelques siècles. En attendant, elle a fait un merveilleux progrès parmi nous, et surtout dans ces grandes armées composées d'honnêtes stipendiaires bien élevés, qui décident du destin des États; on peut assurer que, quand trente mille hommes combattent en bataille rangée contre des troupes égales en nombre, il y a environ vingt mille vérolés de chaque côté.

[28] **s'enquérir de qc** se renseigner — [29] **piteux,-se** misérable, qui exite une pitié mêlée de mépris — [35]**abominable** terrible — [38] **ces tourments d'enfer** maladie vénérienne (Geschlechtskrankheit) — [40] **le cordelier** religieux de l'ordre des franciscains — [43] **Christophe Colomb** qu'on soupçonnait d'avoir rapporté cette maladie du Nouveau monde — [46] **la souche** ici: la source — [47] **l'ingrédient** [-ɑ̃](m) élément nécessaire — [49] **la génération** acte de reproduction — [51] **la cochenille** insecte dont on tirait une teinture rouge — [57] **le stipendiaire** à la solde de qn: soldat — [60] **le vérolé** personne atteinte de la maladie vénérienne.

— Voilà qui est admirable, dit Candide; mais il faut vous faire guérir. — Et comment le puis-je? dit Pangloss; je n'ai pas le sou, mon ami, et dans toute l'étendue de ce globe on ne peut ni se faire saigner, ni prendre un lavement sans payer, ou sans qu'il y ait quelqu'un qui paye pour nous.»

Ce dernier discours détermina Candide; il alla se jeter aux pieds de son charitable anabaptiste Jacques, et lui fit une peinture si touchante de l'état où son ami était réduit, que le bonhomme n'hésita pas à recueillir le docteur Pangloss, il le fit guérir à ses dépens. Pangloss, dans la cure, ne perdit qu'un œil et une oreille. Il écrivait bien, et savait parfaitement l'arithmétique. L'anabaptiste Jacques en fit son teneur de livres. Au bout de deux mois, étant obligé d'aller à Lisbonne pour les affaires de son commerce, il mena dans son vaisseau ses deux philosophes. Pangloss lui expliqua comment tout était on ne peut mieux. Jacques n'était pas de cet avis. «Il faut bien, disait-il, que les hommes aient un peu corrompu la nature, car ils ne sont point nés loups, et ils sont devenus loups. Dieu ne leur a donné ni canons de vingt-quatre, ni baïonnettes; et ils se sont fait des baïonnettes et des canons pour se détruire. Je pourrais mettre en ligne de compte les banqueroutes, et la justice, qui s'empare des biens des banqueroutiers pour en frustrer les créanciers. — Tout cela était indispensable, répliquait le docteur borgne, et les malheurs particuliers font le bien général; de sorte que plus il y a de malheurs particuliers, et plus tout est bien.» Tandis qu'il raisonnait, l'air s'obscurcit, les vents soufflèrent des quatre coins du monde, et le vaisseau fut assailli de la plus horrible tempête, à la vue du port de Lisbonne.

I. Analyse du texte

1. Candide, entre le pessimisme de l'anabaptiste Jacques et l'optimisme entêté de Pangloss semble avoir évolué. Montrez ce changement si changement il y a.
2. Résumez l'enchaînement d'idées des optimistes quant au bien et au mal.
3. Dans la généalogie de la maladie vénérienne les intermédiaires qui transmettent la vérole ne semblent pas avoir été choisis au hasard. Quelle intention de la part de Voltaire y voyez-vous?
4. Enumérez la série des malheurs présentés dans le chapitre quatrième.

[63] **se faire saigner** se faire enlever du sang — **le lavement** Klistier, Einlauf — [68] **aux dépens de qn** [depɑ̃] aux frais de qn — [70] **le teneur de livres** comptable (Buchhalter) — [74] **loups** cf. Hobbes: «Homo homini lupus», l'homme est un loup pour l'homme — [75] **le canon de vingt-quatre** plus gros calibre de l'époque (boulets de 24 livres) — [77] **s'emparer de qc** saisir, prendre possession de qc — [79] **borgne** qui n'a qu'un seul œil.

II. Le style

1. Citez quelques exemples où Voltaire parodie le roman sentimental en imitant ses clichés.
2. Relevez tous les passages ironiques et sarcastiques du texte.
3. Voltaire veille à ce que le pathétique ne l'emporte jamais. Comment s'y prend-il?

III. La structure du chapitre

1. Quelle est la fonction de «la plus horrible tempête à la vue du port de Lisbonne» à la fin du chapitre?
2. Quelle est la répartition entre les éléments négatifs et les aspects positifs dans ce chapitre «noir»? Dessinez un diagramme qui reflète à peu près cette distribution.

Travaux pratiques

I. Vocabulaire

1. *Partagez-vous la consultation du dictionnaire pour les mots suivants:*
   a) comique — drôle — amusant — marrant — rigolo — grotesque
   b) plaisant — ridicule — risible — cocasse — bouffon — burlesque
   Notez une phrase qui illustre l'emploi de ces mots et dites s'il y a différence de sens ou de niveau de langue.
2. *Expliquez les mots suivants:*
   le persiflage — la raillerie — la moquerie — le sarcasme — la caricature — l'ironie — la facétie [fasesi] — la bouffonnerie — le divertissement — la plaisanterie — la farce — le trait d'esprit
3. horrible, abominable, terrible, atroce . . . Continuez.

II. Syntaxe

Traduisez:
— Tout était on ne peut mieux.
— En attendant, elle a fait un merveilleux progrès parmi nous.
— Je me meurs.
— L'amour ne m'a jamais valu qu'un baiser et vingt coups de pied au cul.

III. Locutions

1. Quelqu'un se jette sur son travail comme «la petite vérole sur le bas clergé». Y a-t-il un passage dans le chapitre qui pourrait expliquer cette locution?
2. «le tour» — mot qu'on met à toutes les sauces:
   — Ils la connaîtront *à leur tour.*
   — Ils ont *fait le tour de* la maison.
   — Il a frappé le bonhomme *à tour de bras.*
   — On a fait le travail *à tour de rôle.*
   — Ce travail a été un vrai *tour de force.*
   Expliquez, paraphrasez, traduisez.

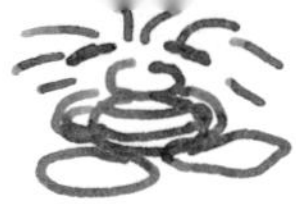

CHAPITRE CINQUIÈME.

TEMPÊTE, NAUFRAGE, TREMBLEMENT DE TERRE, ET CE QUI ADVINT DU DOCTEUR PANGLOSS, DE CANDIDE, ET DE L'ANABAPTISTE JACQUES.

La moitié des passagers affaiblis, expirants de ces angoisses inconcevables que le roulis d'un vaisseau porte dans les nerfs et dans toutes les humeurs du corps agitées en sens contraires, n'avait pas même la force de s'inquiéter du danger. L'autre moitié jetait des cris et faisait des prières; les voiles étaient déchirées, les mâts brisés, le vaisseau entr'ouvert. Travaillait qui pouvait, personne ne s'entendait, personne ne commandait. L'anabaptiste aidait un peu à la manœuvre; il était sur le tillac; un matelot furieux le frappe rudement et l'étend sur les planches; mais du coup qu'il lui donna, il eut lui-même une si violente secousse qu'il tomba hors du vaisseau, la tête la première. Il restait suspendu et accroché à une partie de mât rompue. Le bon Jacques court à son secours, l'aide à remonter, et de l'effort qu'il fait il est précipité dans la mer à la vue du matelot, qui le laissa périr sans daigner seulement le regarder. Candide approche, voit son bienfaiteur qui reparaît un moment, et qui est englouti pour jamais. Il veut se jeter après lui dans la mer: le philosophe Pangloss l'en empêche, en lui prouvant que la rade de Lisbonne avait été formée exprès pour que cet anabaptiste s'y noyât. Tandis qu'il le prouvait *a priori*, le vaisseau s'entr'ouvre; tout périt, à la réserve de Pangloss, de Candide, et de ce brutal de matelot qui avait noyé le vertueux anabaptiste: le coquin nagea heureusement jusqu'au rivage, où Pangloss et Candide furent portés sur une planche.

Quand ils furent revenus un peu à eux, ils marchèrent vers Lisbonne; il leur restait quelque argent, avec lequel ils espéraient se sauver de la faim après avoir échappé à la tempête.

A peine ont-ils mis le pied dans la ville, en pleurant la mort de leur bienfaiteur, qu'ils sentent la terre trembler sous leurs pas, la mer s'élève en bouillonnant dans le port, et brise les vaisseaux qui sont à l'ancre. Des tourbillons de flammes et de cendres couvrent les rues et les places publiques; les maisons s'écroulent, les toits sont renversés sur les fondements, et les fondements se dispersent; trente mille habitants de tout âge et de tout sexe

[2] **le naufrage** Schiffbruch — [4] **expirants** (auj. sans -s) mourant — **inconcevable** inimaginable — [5] **le roulis** [ruli] mouvement d'un bâteau d'un côté à l'autre — **les humeurs** (f) les substances humides du corps selon l'ancienne médecine — [8] **le mât** Mast — **entr'ouvert,e** ouvert à demi — [10] **le tillac** [tijak] le pont supérieur d'un navire — **le matelot** marin — [12] **la secousse** choc — [15] **périr** mourir — **daigner faire qc** consentir, condescendre (geruhen) — [16] **engloutir** avaler — [18] **la rade** grand bassin naturel où s'abritent les navires — [19] **a priori** non fondé sur l'expérience ou les faits — [21] **heureusement** ici: avec succès — [28] **bouillonner** être agité — [29] **le tourbillon** mouvement tournant et rapide — **les cendres** (f) ce qui reste quand qc a brûlé — [30] **s'écrouler** tomber en ruine.

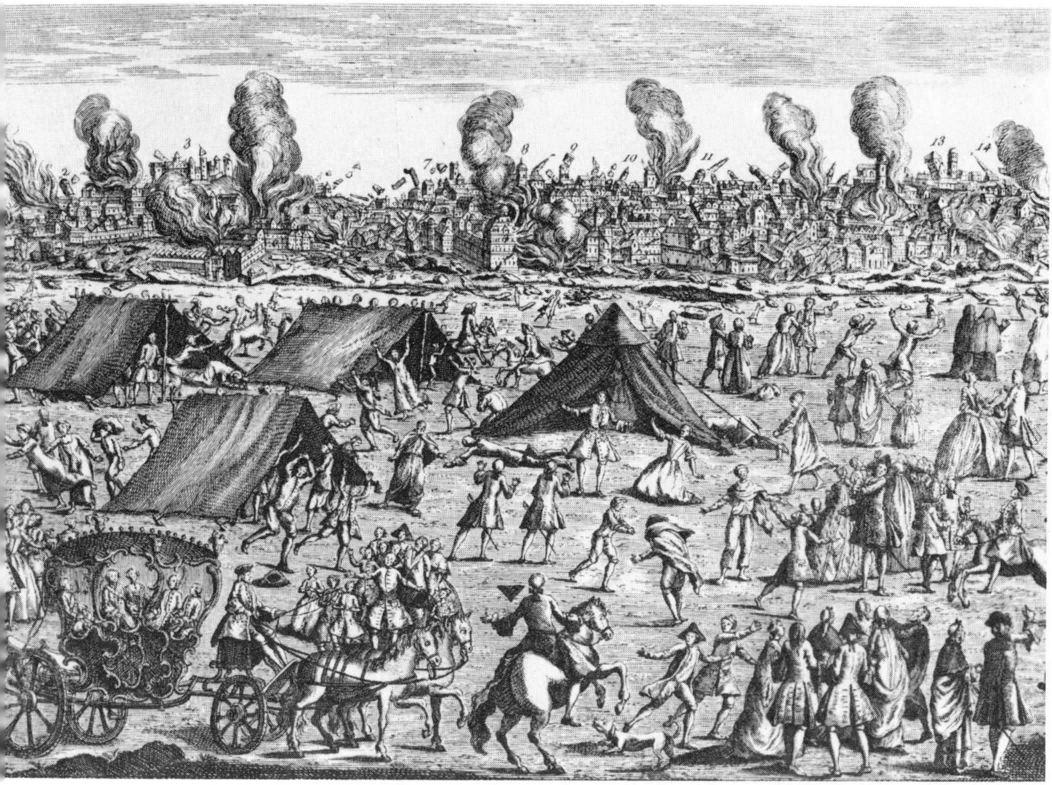

sont écrasés sous des ruines. Le matelot disait en sifflant et en jurant: «Il y aura quelque chose à gagner ici. — Quelle peut être la raison suffisante de ce phénomène? disait Pangloss. — Voici le dernier jour du monde! s'écriait Candide.» Le matelot court incontinent au milieu des débris, affronte la mort pour trouver de l'argent, en trouve, s'en empare, s'enivre, et, ayant cuvé son vin, achète les faveurs de la première fille de bonne volonté qu'il rencontre sur les ruines des maisons détruites, et au milieu des mourants et des morts. Pangloss le tirait cependant par la manche: «Mon ami, lui disait-il, cela n'est pas bien, vous manquez à la raison universelle, vous prenez mal votre temps.

[35] **incontinent** immédiatement — **les débris** (m) reste d'une chose en partie détruite — [36] **s'enivrer** boire trop d'alcool — **cuver son vin** dissiper son ivresse en dormant — [39] **cependant** ici: pendant ce temps.

— Tête et sang, répondit l'autre, je suis matelot et né à Batavia; j'ai marché quatre fois sur le crucifix dans quatre voyages au Japon; tu as bien trouvé ton homme avec ta raison universelle!»

Quelques éclats de pierre avaient blessé Candide; il était étendu dans la rue et couvert de débris. Il disait à Pangloss: «Hélas! procure-moi un peu de vin et d'huile; je me meurs. — Ce tremblement de terre n'est pas une chose nouvelle, répondit Pangloss; la ville de Lima éprouva les mêmes secousses en Amérique l'année passée; mêmes causes, mêmes effets: il y a certainement une traînée de soufre sous terre depuis Lima jusqu'à Lisbonne. — Rien n'est plus probable, dit Candide; mais, pour Dieu, un peu d'huile et de vin. — Comment, probable? répliqua le philosophe, je soutiens que la chose est démontrée.» Candide perdit connaissance, et Pangloss lui apporta un peu d'eau d'une fontaine voisine.

Le lendemain, ayant trouvé quelques provisions de bouche en se glissant à travers des décombres, ils réparèrent un peu leurs forces. Ensuite ils travaillèrent comme les autres à soulager les habitants échappés à la mort. Quelques citoyens, secourus par eux, leur donnèrent un aussi bon dîner qu'on le pouvait dans un tel désastre: il est vrai que le repas était triste; les convives arrosaient leur pain de leurs larmes; mais Pangloss les consola, en les assurant que les choses ne pouvaient être autrement: «Car, dit-il, tout ceci est ce qu'il y a de mieux; car s'il y a un volcan à Lisbonne, il ne pouvait être ailleurs; car il est impossible que les choses se soient pas où elles sont; car tout est bien.»

Un petit homme noir, familier de l'Inquisition, lequel était à côté de lui, prit poliment la parole et dit: «Apparemment que monsieur ne croit pas au péché originel; car si tout est au mieux, il n'y a donc eu ni chute ni punition.

— Je demande très humblement pardon à Votre Excellence, répondit Pangloss encore plus poliment, car la chute de l'homme et la malédiction entraient nécessairement dans le meilleur des mondes possibles. — Monsieur ne croit donc pas à la liberté? dit le familier. — Votre Excellence m'excusera, dit Pangloss; la liberté peut subsister avec la nécessité absolue: car il était nécessaire que nous fussions libres; car enfin la volonté déterminée...» Pangloss était au milieu de sa phrase, quand le familier fit un signe de tête à son estafier qui lui servait à boire du vin de Porto ou d'Oporto.

[41] **tête et sang** juron — **Batavia** auj.: Djakarta — **... marché sur le crucifix** [-fi]. Voltaire étend au matelot ce qui était dit des Japonais dans un livre sur le Japon paru en 1729: Les Japonais au service des Hollandais de Batavia devaient «marcher sur le crucifix» pour montrer qu'ils n'étaient pas chrétiens. — [47] **éprouver** ici: vivre (erleben) — [48] **la traînée de soufre** Schwefelspur — [55] **les décombres** (m) ruines — [58] **le désastre** catastrophe — **les convives** personnes qui prennent part à un repas — [63] **le familier d'Inquisition** officier de l'Inquisition chargé d'arrêter les personnes accusées — [64] **le péché originel** Erbsünde — [67] **la chute** ici: Sündenfall — **la malédiction** Fluch (**la bénédiction:** Segen) — [73] **l'estafier** (m) domestique armé.

I. Analyse du texte

1. Racontez comment périt le bon anabaptiste et montrez l'ironie de sa mort.
2. Résumez les activités du matelot brutal. Le comportement de celui-ci ainsi que le sort du bon Jacques laissent deviner l'arrière-pensée de Voltaire. Expliquez.
3. Tracez les deux sources de malheur pour les hommes telles que ce chapitre les présente.
4. Pangloss explique le désastre selon son schéma habituel. Tracez ses explications.
5. L'optimisme à la Leibniz et le dogme de l'église: Quel est le conflit qui s'annonce?

II. Le style

1. Les faits démentent toujours la spéculation philosophique de Pangloss. Citez quelques exemples de cette stratégie de Voltaire.
2. «. . . en trouve, s'en empare, s'enivre . . .» (l. 36): Quel effet le rythme des trois verbes produit-il?
3. Comment le narrateur raille-t-il le vocabulaire pseudo-logique de Pangloss? Citez-en quelques exemples.

III. La structure du chapitre

1. Comparez les fins des chapitres quatre et cinq. En quoi se ressemblent-elles?
2. Suivez la répartition du mal qui se produit dans le cinquième chapitre et celle des discours philosophiques. Que signifie cette répartition?

(IV. Recherche personnelle / Travail en équipe)

Lisez un extrait du poème sur le tremblement de terre à Lisbonne devant vos camarades (v. Annexe I, p. 83) et donnez-en un résumé (en prose!) Quelles tentatives d'explication du désastre y a-t-il et comment Voltaire les réfute-t-il?

Travaux pratiques

I. Formation de mots

1. la *béné*diction — la *malé*diction
   Cherchez le sens des mots suivants:
   bénéficier — le malentendu
   bénévole — le malfaiteur
   bénéfique — maudire
2. «perdre»
   Traduisez:
   — Candide *perdit* connaissance.
   — Il n'a pas *perdu le nord.*
   — Il ne *perd* jamais *courage.*
   — Il ne faut pas *perdre patience.*
   — Pangloss *a perdu pied.*

II. Syntaxe

1. Voix passive (forme passive + forme réflexive)
   a) On a soigné Candide: Candide s'est fait soigner.
   b) Jacques a été brutalisé. Il . . .
   c) Pangloss a été traité d'hérétique. Il . . .
2. *Que signifie la forme des expressions en italique:*
   Le matelot disait *en sifflant* et *en jurant:* . . .
3. *Notez l'emploi des temps grammaticaux dans ce chapitre et expliquez leur fonction respective.*

CHAPITRE SIXIÈME.

COMMENT ON FIT UN BEL AUTO-DA-FÉ POUR EMPÊCHER LES TREMBLEMENTS DE TERRE, ET COMMENT CANDIDE FUT FESSÉ.

Après le tremblement de terre qui avait détruit les trois quarts de Lisbonne, les sages du pays n'avaient pas trouvé un moyen plus efficace pour prévenir une ruine totale que de donner au peuple un bel auto-da-fé; il était décidé par l'université de Coïmbre que le spectacle de quelques personnes brûlées à petit feu, en grande cérémonie, est un secret infaillible pour empêcher la terre de trembler.

On avait en conséquence saisi un Biscayen convaincu d'avoir épousé sa commère, et deux Portugais qui en mangeant un poulet en avaient arraché le lard: on vint lier après le dîner le docteur Pangloss et son disciple Candide, l'un pour avoir parlé, et l'autre pour avoir écouté avec un air d'approbation: tous deux furent menés séparément dans des appartements d'une extrême fraîcheur, dans lesquels on n'était jamais incommodé du soleil: huit jours après ils furent tous deux revêtus d'un *san-benito,* et on orna leurs têtes de mitres de papier: la mitre et le san-benito de Candide étaient peints de flammes renversées, et de diables qui n'avaient ni queues ni griffes; mais les diables de

[2] **l'auto-da-fé** (m) cérémonie où l'on exécutait par le feu les hérétiques condamnés par l'Inquisition — [3] **fesser** battre en donnant des coups sur le derrière — [5] **les sages . . .** ici: les inquisiteurs — **prévenir** empêcher — [7] **Coïmbre** ville du Portugal, centre de l'Inquisition — [8] **infaillible** sûr — [10] **le Biscayen** Basque — [11] **la commère** (vx) auj.: la maraine (Taufpatin) — [12] **le lard** graisse (surtout de porc); en ne mangeant pas le lard ils se trahissaient comme juifs — [13] **l'approbation** (f) accord — [16] **revêtir** habiller — **le san-benito** casaque que les victimes de l'Inquisition étaient obligiés de porter — **la mitre** coiffure de l'évêque; ici: coiffure de déshonneur.

Pangloss portaient griffes et queues, et les flammes étaient droites. Ils marchèrent en procession ainsi vêtus, et entendirent un sermon très pathétique, suivi d'une belle musique en faux-bourdon. Candide fut fessé en cadence, pendant qu'on chantait; le Biscayen et les deux hommes qui n'avaient point voulu manger de lard furent brûlés, et Pangloss fut pendu, quoique ce ne soit pas la coutume. Le même jour la terre trembla de nouveau avec un fracas épouvantable.

Candide, épouvanté, interdit, éperdu, tout sanglant, tout palpitant, se disait à lui-même: «Si c'est ici le meilleur des mondes possibles, que sont donc les autres? Passe encore si je n'étais que fessé, je l'ai été chez les Bulgares; mais, ô mon cher Pangloss! le plus grand des philosophes, faut-il vous avoir vu pendre, sans que je sache pourquoi! O mon cher anabaptiste! le meilleur des hommes, faut-il que vous ayez été noyé dans le port! ô mademoiselle Cunégonde! la perle des filles, faut-il qu'on vous ait fendu le ventre!»

Il s'en retournait, se soutenant à peine, prêché, fessé, absous et béni, lorsqu'une vieille l'aborda, et lui dit: «Mon fils, prenez courage, suivez-moi.»

I. Analyse du texte

1. Pourquoi croyez-vous que Voltaire insiste sur le déroulement d'un autodafé? Citez quelques-uns des éléments de la cérémonie.
2. De quelle manière l'auteur montre-t-il l'absurdité d'un autodafé?
3. Voyez-vous des signes d'une évolution dans le comportement de Candide?

II. Le style

1. Citez des exemples d'ironie dans ce chapitre (euphémismes, contrastes, etc.).
2. Historiquement, il y a eu une deuxième secousse après le premier tremblement de terre, mais un mois plus tard. Comment expliquez-vous le rapprochement des deux faits par Voltaire?
3. Relevez des passages destinés à produire des effets comiques autres que ceux visés plus haut (question 1).

[19] **les flammes . . . droites** Elles annonçaient la peine de mort, les flammes renversées signifiaient la remise de la peine capitale. — [21] **le faux-bourdon** chant à plusieurs voix — **en cadence** au rythme — [24] **le fracas** bruit violent — [26] **épouvanté,e** terrifié — **interdit,e** très étonné — **éperdu,e** profondément troublé — **palpiter** trembler — [32] **fendre** couper en deux — [33] **prêcher** faire un sermon religieux — **absoudre** pardonner — **béni,e** Après la messe le Grand Inquisiteur donnait l'absolution et la bénédiction à ceux des condamnés qui se repentaient.

III. Structure du chapitre

1. Pourquoi Voltaire consacre-t-il un chapitre entier à la présentation d'un autodafé (déformé)?
2. Le 6e chapitre se termine sur un ton d'espoir. Comment interpréter cette constatation?

(IV. Recherche personnelle / Travail en groupe)

1. Etudiez l'article «Insquisition» dans le Dictionnaire philosophique (v. Annexe I, p. 83) sous l'aspect suivant: Lesquels des éléments de l'article se retrouvent dans «Candide»?
2. Résumez les idées essentielles de l'article «Torture» du Dictionnaire philosophique (v. Annexe I, p. 84) et préparez un compte rendu de lecture.

Travaux pratiques

1. Le vocabulaire de l'humour

   Consultez le dictionnaire pour expliquer les mots suivants:

— l'euphémisme	— l'antiphrase	— l'antithèse
— l'ironie	— l'hyperbole	— l'énumération
— la parodie	— l'allusion	— l'enchérissement
— la satire	— la métaphore	— la périphrase

2. *Cherchez les verbes pour les substantifs et vice versa:*

l'approbation	convaincre ....
le vêtement	fesser ....
la pendaison	lier ....
l'absolution	

3. Le vocabulaire du trouble intérieur (travail en équipe:)
   Consultez le dictionnaire:
   Candide est troublé, bouleversé, interdit, stupéfait, abasourdi, ahuri, éperdu, ému, hors de lui, bouche-bée, surpris, décontenancé, désaxé, désorienté, embarrassé, épouvanté.
   Dans lesquels des mots suivants y a-t-il l'idée de:

— peur	— colère
— étonnement	— perplexité
— souci	— gêne
— choc	— panique?

CHAPITRE SEPTIÈME.

COMMENT UNE VIEILLE PRIT SOIN DE CANDIDE, ET COMMET IL RETROUVA CE QU'IL AIMAIT.

Candide ne prit point courage, mais il suivit la vieille dans une masure: elle lui donna un pot de pommade pour se frotter, lui laissa à manger et à boire; elle lui montra un petit lit assez propre; il y avait auprès du lit un habit complet. «Mangez, buvez, dormez, lui dit-elle, et que Notre-Dame d'Atocha, monseigneur St. Antoine de Padoue, et monseigneur St. Jacques de Compostelle prennent soin de vous! je reviendrai demain.» Candide, toujours étonné de tout ce qu'il avait vu, de tout ce qu'il avait souffert, et encore plus de la charité de la vieille, voulut lui baiser la main. «Ce n'est pas ma main qu'il faut baiser, dit la vieille; je reviendrai demain. Frottez-vous de pommade, mangez et dormez.»

Candide, malgré tant de malheurs, mangea et dormit. Le lendemain, la vieille lui apporte à déjeuner, visite son dos, le frotte elle-même d'une autre pommade; elle lui apporte ensuite à dîner; elle revient sur le soir, et apporte à souper. Le surlendemain, elle fit encore les mêmes cérémonies. «Qui êtes-vous? lui disait toujours Candide; qui vous a inspiré tant de bonté? quelles grâces puis-je vous rendre?» La bonne femme ne répondait jamais rien; elle revint sur le soir, et n'apporta point à souper: «Venez avec moi, dit-elle, et ne dites mot.» Elle le prend sous le bras, et marche avec lui dans la campagne environ un quart de mille: ils arrivent à une maison isolée, entourée de jardins et de canaux. La vieille frappe à une petite porte. On ouvre; elle mène Candide, par un escalier dérobé, dans un cabinet doré, le laisse sur un canapé de brocard, referme la porte, et s'en va. Candide croyait rêver, et regardait toute sa vie comme un songe funeste, et le moment présent comme un songe agréable.

La vieille reparut bientôt; elle soutenait avec peine une femme tremblante, d'une taille majestueuse, brillante de pierreries et couverte d'un voile. «Otez ce voile, dit la vieille à Candide.» Le jeune homme approche; il lève le voile d'une main timide. Quel moment! quelle surprise! il croit voir mademoiselle Cunégonde; il la voyait en effet, c'était elle-même. La force lui manque, il ne peut proférer une parole, il tombe à ses pieds. Cunégonde tombe sur le canapé. La vieille les accable d'eaux spiritueuses, ils reprennent leurs sens, ils se

[3] **ce qu'il aimait** celle . . . (style galant) — [4] **la masure** petite habitation misérable — [5] **la pommade** substance grasse à mettre sur la peau — [8] **St. Antoine . . .** saint qu'on invoque pour retrouver qc — [10] **étonné,e** ému (Le mot était plus fort à l'époque.) — [24] **dérobé,e** caché — [25] **le brocard** (brocart) Brokat — [26] **funeste** relatif à la mort — [33] **proférer** dire — [34] **accabler** ici: répandre qc sur — **l'eau spiritueuse** liqueur forte en alcool.

parlent; ce sont d'abord des mots entrecoupés, des demandes et des réponses qui se croisent, des soupirs, des larmes, des cris. La vieille leur recommande de faire moins de bruit, et les laisse en liberté. «Quoi! c'est vous, lui dit Candide; vous vivez! je vous retrouve en Portugal! On ne vous a donc pas violée? On ne vous a point fendu le ventre, comme le philosophe Pangloss me l'avait assuré? — Si fait, dit la belle Cunégonde; mais on ne meurt pas toujours de ces deux accidents. — Mais votre père et votre mère ont-ils été tués? — Il n'est que trop vrai, dit Cunégonde en pleurant. — Et votre frère? — Mon frère a été tué aussi. — Et pourquoi êtes-vous en Portugal? et comment avez-vous su que j'y étais et par quelle étrange aventure m'avez-vous fait conduire dans cette maison? — Je vous dirai tout cela, répliqua la dame; mais il faut auparavant que vous m'appreniez tout ce qui vous est arrivé depuis le baiser innocent que vous me donnâtes, et les coups de pied que vous reçûtes.»

Candide lui obéit avec un profond respect; et quoiqu'il fût interdit, quoique sa voix fût faible et tremblante, quoique l'échine lui fît encore un peu mal, il lui raconta de la manière la plus naïve tout ce qu'il avait éprouvé depuis le moment de leur séparation. Cunégonde levait les yeux au ciel: elle donna des larmes à la mort du bon anabaptiste et de Pangloss; après quoi elle parla en ces termes à Candide, qui ne perdait pas une parole, et qui la dévorait des yeux.

I. Analyse du texte

1. Comment Voltaire réussit-il à augmenter la tension dans ce chapitre?
2. Relevez des éléments parodiques du roman sentimental dans l'épisode de la rencontre de Candide et de Cunégonde.
3. En quel espace de temps les événements se déroulent-ils depuis la rencontre de Candide et de la vieille?

II. Le style

1. De quelle manière Voltaire s'y prend-il pour atténuer le pathétique dans l'épisode de la rencontre?
2. Indiquez les passages où les événements sont accélérés.
3. Relevez une énumération ternaire (= de trois éléments) et indiquez-en la fonction.

III. La structure du chapitre

1. Comment la fin du 6e et le début du 7e chapitre sont-ils raccordés?
2. Au septième chapitre n'y a-t-il que du bonheur?
3. Dessinez un diagramme qui suit le mouvement de la tension dans ce chapitre.

49 **l'échine** (f) colonne vertébrale (Wirbelsäule) — 52 **à la mort** au récit de la mort.

Travaux pratiques

1. «. . . ne dites mot»
   Traduisez:
   — Candide n'a *soufflé mot.*
   — Il a *perdu courage.*
   — *Sans mot dire* il a regardé Cunégonde.
   — Puis ils ont *perdu connaissance* tous les deux.
2. «accabler»
   Que veut dire ce mot dans les contextes suivants?
   — La vieille les *accable* d'eaux spiritueuses.
   — La triste nouvelle *accable* Candide.
   — Il était *accablé* de fatigue.
   — Dans la pièce il y avait une chaleur *accablante.*
3. «en Portugal» — aujourd'hui «au Portugal» (all. «in»)
   Mettez la préposition qui convient:
   Allemagne, Cuba, Mexique, Mexico, Afrique, Europe, Antilles, Japon, Chine, Londres, Le Havre.
4. Le temps grammatical
   Transformez les formes du passé simple dans le récit en passé composé. Changez en discours indirect le discours direct.
5. «des soupirs, des larmes, des cris»
   Les expressions de la douleur:
   pleurer, gémir, geindre, pleurnicher, se lamenter, se plaindre, crier, soupirer, larmoyer
   Lesquels des mots expriment l'idée de
   — faiblesse — longueur
   — mélancolie — souffrance
   — affectation — voix inarticulée?

CHAPITRE HUITIÈME.

HISTOIRE DE CUNÉGONDE.

«J'étais dans mon lit et je dormais profondément, quand il plut au Ciel d'envoyer les Bulgares dans notre beau château de Thunder-ten-tronckh; ils égorgèrent mon père et mon frère, et coupèrent ma mère par morceaux. Un grand Bulgare, haut de six pieds, voyant qu'à ce spectacle j'avais perdu connaissance, se mit à me violer; cela me fit revenir, je repris mes sens, je criai, je me débattis, je mordis, j'égratignai, je voulais arracher les yeux à ce grand

8 **se débattre** lutter pour se défendre — **égratigner** déchirer légèrement la peau.

Bulgare, ne sachant pas que tout ce qui arrivait dans le château de mon père était une chose d'usage: le brutal me donna un coup de couteau dans le flanc gauche dont je porte encore la marque. — Hélas! j'espère bien la voir, dit le naïf Candide. — Vous la verrez, dit Cunégonde; mais continuons. — Continuez,» dit Candide.

Elle reprit ainsi le fil de son histoire: «Un capitaine bulgare entra, il me vit toute sanglante, et le soldat ne se dérangeait pas. Le capitaine se mit en colère du peu de respect que lui témoignait ce brutal, et le tua sur mon corps. Ensuite il me fit panser, et m'emmena prisonnière de guerre dans son quartier. Je blanchissais le peu de chemises qu'il avait, je faisais sa cuisine; il me trouvait fort jolie, il faut l'avouer; et je ne nierai pas qu'il ne fût très bien fait, et qu'il n'eût la peau blanche et douce; d'ailleurs peu d'esprit, peu de philosophie: on voyait bien qu'il n'avait pas été élevé par le docteur Pangloss. Au bout de trois mois, ayant perdu tout son argent, et s'étant dégoûté de moi, il me vendit à un juif nommé don Issachar, qui trafiquait en Hollande et en Portugal, et qui aimait passionnément les femmes. Ce juif s'attacha beaucoup à ma personne, mais il ne pouvait en triompher; je lui ai mieux résisté qu'au soldat bulgare: une personne d'honneur peut être violée une fois, mais sa vertu s'en affermit. Le juif, pour m'apprivoiser, me mena dans cette maison de campagne que vous voyez. J'avais cru jusque là qu'il n'y avait rien sur la terre de si beau que le château de Thunder-ten-tronckh; j'ai été détrompée.

«Le grand inquisiteur m'aperçut un jour à la messe; il me lorgna beaucoup, et me fit dire qu'il avait à me parler pour des affaires secrètes. Je fus conduite à son palais; je lui appris ma naissance; il me représenta combien il était au-dessous de mon rang d'appartenir à un israélite. On proposa de sa part à don Issachar de me céder à Monseigneur. Don Issachar, qui est le banquier de la cour, et homme de crédit, n'en voulut rien faire. L'inquisiteur le menaça d'un auto-da-fé. Enfin mon juif, intimidé, conclut un marché par lequel la maison et moi leur appartiendraient à tous deux en commun; que le juif aurait pour lui les lundis, mercredis et le jour du sabbat, et que l'inquisiteur aurait les autres jours de la semaine. Il y a six mois que cette convention subsiste. Ce n'a pas été sans querelles; car souvent il a été indécis si la nuit du samedi au dimanche appartenait à l'ancienne loi ou à la nouvelle. Pour moi, j'ai résisté jusqu'à présent à toutes les deux; et je crois que c'est pour cette raison que j'ai toujours été aimée.

[17] **panser** mettre des morceaux d'étoffe et de la pommade sur une blessure — **le quartier** ici: lieu où des troupes campent — [23] **trafiquer** ici: acheter et vendre en faisant des profits — [26] **affermir** rendre plus solide — [27] **apprivoiser qn** rendre plus docile (obéissant) — [29] **détromper qn** tirer d'erreur — [30] **le grand inquisiteur** chef de l'Inquisition — **lorgner qn** jeter des regards amoureux sur qn — [36] **intimider qn** faire peur.

«Enfin, pour détourner le fléau des tremblements de terre, et pour intimider don Issachar, il plut à monseigneur l'inquisiteur de célébrer un auto-da-fé. Il me fit l'honneur de m'y inviter. Je fus très bien placée; on servit aux dames des rafraîchissements entre la messe et l'exécution. Je fus, à la vérité, saisie d'horreur en voyant brûler ces deux juifs et cet honnête Biscayen qui avait épousé sa commère; mais quelle fut ma surprise, mon effroi, mon trouble, quand je vis, dans un san-benito et sous une mitre, une figure qui ressemblait à celle de Pangloss! Je me frottai les yeux, je regardai attentivement, je le vis pendre; je tombai en faiblesse. A peine reprenais-je mes sens que je vous vis dépouillé tout nu; ce fut là le comble de l'horreur, de la consternation, de la douleur, du désepoir. Je vous dirai, avec vérité, que votre peau est encore plus blanche, et d'un incarnat plus parfait que celle de mon capitaine des Bulgares. Cette vue redoubla tous les sentiments qui m'accablaient, qui me dévoraient. Je m'écriai, je voulus dire: «Arrêtez, barbares!» Mais la voix me manqua, et mes cris auraient été inutiles. Quand vous eûtes été bien fessé: «Comment se peut-il faire, disais-je, que l'aimable Candide et le sage Pangloss se trouvent à Lisbonne, l'un pour recevoir cent coups de fouet, et l'autre pour être pendu par l'ordre de monseigneur l'inquisiteur, dont je suis la bien-aimée? Pangloss m'a donc bien cruellement trompée, quand il me disait que tout va le mieux du monde.»

«Agitée, éperdue, tantôt hors de moi-même, et tantôt prête de mourir de faiblesse, j'avais la tête remplie du massacre de mon père, de ma mère, de mon frère, de l'insolence de mon vilain soldat bulgare, du coup de couteau qu'il me donna, de ma servitude, de mon métier de cuisinière, de mon capitaine bulgare, de mon vilain don Issachar, de mon abominable inquisiteur, de la pendaison du docteur Pangloss, de ce grand *miserere* en faux-bourdon pendant lequel on vous fessait, et surtout du baiser que je vous avais donné derrière un paravent, le jour que je vous avais vu pour la dernière fois. Je louai Dieu, qui vous ramenait à moi par tant d'épreuves. Je recommandai à ma vieille d'avoir soin de vous, et de vous amener ici dès qu'elle le pourrait. Elle a très bien exécuté ma commission; j'ai goûté le plaisir inexprimable de vous revoir, de vous entendre, de vous parler. Vous devez avoir une faim dévorante; j'ai grand appétit; commençons par souper.»

Les voilà qui se mettent tous deux à table; et, après le souper, ils se replacent sur ce beau canapé dont on a déjà parlé; ils y étaient quand le signor don Issachar, l'un des maîtres de la maison, arriva. C'était le jour du sabbat. Il venait jouir de ses droits, et expliquer son tendre amour.

[44] **le fléau** catastrophe — [53] **dépouiller qn** ici: déshabiller — **le comble** le plus haut degré — [55] **l'incarnat** (m) rouge clair et vif — [56] **accabler qn de qc** faire supporter qc de pénible — [64] **éperdu,e** affolé — **prête de** (vx) près de — [69] **la pendaison** action de pendre qn — [72] **l'épreuve** (f) coup dur.

I. Compte rendu de lecture (travail en équipe):

Ce récit dans le récit présente les événements dans la perspective de Cunégonde. Le récit rejoint la ligne de la narration principale.
Préparez en groupe un compte rendu de lecture.
Partagez-vous le travail de façon équitable.

a) Consultez les annotations s'il y a des passages que vous ne comprenez pas.
b) Dégagez du texte les étapes principales du récit et cherchez des titres pour chaque paragraphe (ou des phrases simples).
c) Répondez aux questions et parlez brièvement de ces sujets après la présentation de votre compte rendu.

Voilà un schéma et quelques tournures qui vous aideront à bien présenter votre récit:
Verbes introducteurs

— Cunégonde raconte — fait le récit de — relate — narre — mentionne — dépeint
— elle se souvient de — se rappelle — évoque
— elle reprend le fil de son récit
— elle insiste sur — met en relief — souligne — fait état de
— elle caractérise — brosse le tableau de — présente

II. Analyse

1. A quels endroits le récit de Cunégonde se recoupe-t-il avec les événements tels que le lecteur les connaît déjà?
2. Citez les passages où les thèmes du Mal et de l'Optimisme sont repris.
3. Relevez les passages comiques du récit.

III. La structure

1. Dessinez un diagramme qui indique quand et comment la digression rejoint les événements du récit principal.
2. Montrez par un graphique où le récit de Cunégonde touche aux événements connus.

CHAPITRE NEUVIÈME.

CE QUI ADVINT DE CUNÉGONDE, DE CANDIDE, DU GRAND INQUISITEUR, ET D'UN JUIF.

Cet Issachar était le plus colérique Hébreu qu'on eût vu dans Israël, depuis la captivité en Babylone. «Quoi! dit-il, chienne de galiléenne, ce n'est pas assez de monsieur l'inquisiteur? Il faut que ce coquin partage aussi avec moi?» En disant cela il tire un long poignard dont il était toujours pourvu, et, ne croyant pas que son adverse partie eût des armes, il se jette sur Candide; mais notre bon Vestphalien avait reçut une belle épée de la vieille avec l'habit complet. Il tire son épée, quoiqu'il eût les mœurs fort douces, et vous étend l'israélite raide mort sur le carreau, aux pieds de la belle Cunégonde.

«Sainte Vierge! s'écria-t-elle, qu'allons-nous devenir? Un homme tué chez moi! si la justice vient, nous sommes perdus. — Si Pangloss n'avait pas été pendu, dit Candide, il nous donnerait un bon conseil dans cette extrémité, car c'était un grand philosophe. A son défaut, consultons la vieille.» Elle était fort prudente, et commençait à dire son avis quand une autre petite porte s'ouvrit. Il était une heure après minuit, c'était le commencement du dimanche. Ce jour appartenait à monseigneur l'inquisiteur. Il entre et voit le fessé Candide, l'épée à la main, un mort étendu par terre, Cunégonde effarée, et la vieille donnant des conseils.

Voici dans ce moment ce qui se passa dans l'âme de Candide, et comment il raisonna: «Si ce saint homme appelle du secours, il me fera infailliblement brûler, il pourra en faire autant de Cunégonde; il m'a fait fouetter impitoyablement; il est mon rival; je suis en train de tuer; il n'y a pas à balancer.» Ce raisonnement fut net et rapide; et, sans donner le temps à l'inquisiteur de revenir de sa surprise, il le perce d'outre en outre, et le jette à côté du juif. «En voici bien d'une autre, dit Cunégonde; il n'y a plus de rémission; nous sommes excommuniés, notre dernière heure est venue! Comment avez-vous fait, vous qui êtes né si doux, pour tuer en deux minutes un juif et un prélat? — Ma belle demoiselle, répondit Candidc, quand on est amoureux, jaloux, et fouetté par l'Inquisition, on ne se connaît plus.»

La vieille prit alors la parole, et dit: «Il y a trois chevaux andalous dans l'écurie, avec leurs selles et leurs brides: que le brave Candide les prépare;

[4] **colérique** qui se met facilement en colère (cf. all.) — [5] **la captivité en Babylone** Après la prise de Jérusalem au VIe siècle avant J.-C. les Israëlites vivaient prisonniers des Chaldéens en Babylone. — **chienne de galiléenne** injure juive contre les Chrétiens — [7] **le poignard** Dolch — **être pourvu,e de** posséder — [8] **adverse partie** adversaire, rival — [10] **raide mort** mort soudainement — [19] **effaré,e** effrayé — [22] **infailliblement** d'une manière certaine — [25] **balancer** ici: hésiter — [26] **d'outre en outre** d'un côté à l'autre — [27] **en voici bien d'une autre** voilà de nouveau — [28] **la rémission** pardon — [33] **la selle** Sattel.

madame a des moyadors et des diamants, montons vite à cheval, quoique je ne puisse me tenir que sur une fesse, et allons à Cadix; il fait le plus beau temps du monde, et c'est un grand plaisir de voyager pendant la fraîcheur de la nuit.»

Aussitôt Candide selle les trois chevaux. Cunégonde, la vieille, et lui, font trente milles d'une traite. Pendant qu'ils s'éloignaient, la Ste Hermandad arrive dans la maison, on enterre monseigneur dans une belle église et on jette Issachar à la voirie.

Candide, Cunégonde, et la vieille, étaient déjà dans la petite ville d'Avacena, au milieu des montagnes de la Sierra Morena; et ils parlaient ainsi dans un cabaret.

I. Compte rendu de lecture

Faites le récit du 9e chapitre en transformant le discours direct en discours rapporté du présent. Employez les verbes introducteurs qui conviennent.
Pour ce faire il convient d'employer le schéma suivant:

Enoncé (Discours direct)	Valeur sémantique (Sens)	Verbe introducteur (Discours rapporté)
«Quoi! . . . chienne . . . » (l. 5)	fureur	Il se met en colère contre . . .
	reproche	Il lui reproche de . . .
«. . . qu'allons-nous devenir?» (l. 12)	souci	Elle s'inquiète de . . .
«si la justice vient . . .» (l. 13)	peur	Elle craint que . . .
«Si Pangloss . . .» (l. 13)	souvenir	Il évoque Pangloss . . .
«A son défaut, consultons la vieille.» (l. 15)	proposition	Il suggère de . . .
«Si ce saint homme . . .» (l. 22)	prise de conscience	Il se rend compte que . . .

Continuez . . .
Présentez votre compte rendu à la classe.

II. Analyse

1. Y a-t-il du changement quant à la réflexion et au comportement de Candide?
2. Quel est le rôle de ce chapitre en ce qui concerne le thème du Mal?
3. Comment Voltaire fait-il pour rendre le raisonnement «net et rapide» de Candide? Analysez les phrases qui évoquent la rapidité.
4. Relevez des passages pleins d'ironie qui sont en accord avec la satire des chapitres précédents.

[34] **le moyador** ancienne monnaie portugaise — [37] **seller (un cheval)** mettre la selle sur un cheval — [38] **le mille** 1,6 kilomètres — **d'une traite** sans interruption — **la Sainte Hermandad** association de police régionale — [40] **la voirie** lieu où sont déposées les ordures.

CHAPITRE DIXIÈME.

DANS QUELLE DÉTRESSE CANDIDE, CUNÉGONDE ET LA VIEILLE ARRIVENT A CADIX, ET DE LEUR EMBARQUEMENT.

«Qui a donc pu me voler mes pistoles et mes diamants? disait en pleurant Cunégonde; de quoi vivrons-nous? comment ferons-nous? où trouver des inquisiteurs et des juifs qui m'en donnent d'autres? — Hélas! dit la vieille, je soupçonne fort un révérend père cordelier qui coucha hier dans la même auberge que nous à Badajos; Dieu me garde de faire un jugement téméraire! mais il entra deux fois dans notre chambre, et il partit longtemps avant nous. — Hélas! dit Candide, le bon Pangloss m'avait souvent prouvé que les biens de la terre sont communs à tous les hommes, que chacun y a un droit égal. Ce cordelier devait bien, suivant ces principes, nous laisser de quoi achever notre voyage. Il ne vous reste donc rien du tout, ma belle Cunégonde? — Pas un maravédis, dit elle. — Quel parti prendre? dit Candide. — Vendons un des chevaux, dit la vieille; je monterai en croupe derrière mademoiselle, quoique je ne puisse me tenir que sur une fesse, et nous arriverons à Cadix.»

Il y avait dans la même hôtellerie un prieur de bénédictins; il acheta le cheval bon marché. Candide, Cunégonde, et la vieille passèrent par Lucena, par Chillas, par Lebrixa, et arrivèrent enfin à Cadix. On y équipait une flotte, et on y assemblait des troupes pour mettre à la raison les révérends pères jésuites du Paraguai, qu'on accusait d'avoir fait révolter une de leurs hordes contre les rois d'Espagne et de Portugal, auprès de la ville du St. Sacrement. Candide, ayant servi chez les Bulgares, fit l'exercice bulgarien devant le géneral de la petite armée avec tant de grâce, de célérité, d'adresse, de fierté, d'agilité, qu'on lui donna une compagnie d'infanterie à commander. Le voilà capitaine; il s'embarque avec mademoiselle Cunégonde, la vieille, deux valets, et les deux chevaux andalous qui avaient appartenu à monsieur le grand inquisiteur de Portugal.

Pendant toute la traversée ils raisonnèrent beaucoup sur la philosophie du pauvre Pangloss. «Nous allons dans un autre univers, disait Candide; c'est dans celui-là, sans doute, que tout est bien. Car il faut avouer qu'on pourrait gémir un peu de ce qui se passe dans le nôtre en physique et en morale. — Je vous aime de tout mon cœur, disait Cunégonde; mais j'ai encore l'âme tout effarouchée de ce que j'ai vu, de ce que j'ai éprouvé. — Tout ira bien, répliquait

2 **la détresse** malheur — 4 **la pistole** ancienne monnaie — 7 **le révérend père** titre honorifique en parlant de religieux — 8 **Badajos** ville d'Espagne — **téméraire** excessivement aventureux — 14 **le maravédis** ancienne monnaie espagnole — 15 **en croupe** sur la partie arrière du cheval — 18 **Lucena . . .** villes espagnoles — 22 **St. Sacrement** ville près de Buenos Aires — 23 **bulgarien** = bulgare — 24 **la célérité** rapidité — 25 **le capitaine** Hauptmann — 34 **effarouché,e** effrayé.

Candide; la mer de ce nouveau monde vaut déjà mieux que les mers de notre Europe; elle est plus calme, les vents plus constants. C'est certainement le nouveau monde qui est le meilleur des univers possibles. — Dieu le veuille! disait Cunégonde; mais j'ai été si horriblement malheureuse dans le mien que mon cœur est presque fermé à l'espérance. — Vous vous plaignez, leur dit la vieille; hélas! vous n'avez pas éprouvé des infortunes telles que les miennes.» Cunégonde se mit presque à rire, et trouva cette bonne femme fort plaisante de prétendre être plus malheureuse qu'elle. «Hélas! lui dit-elle, ma bonne, à moins que vous n'ayez été violée par deux Bulgares, que vous n'ayez reçu deux coups de couteau dans le ventre, qu'on n'ait démoli deux de vos châteaux, qu'on n'ait égorgé à vos yeux deux mères et deux pères, et que vous n'ayez vu deux de vos amants fouettés dans un auto-da-fé, je ne vois pas que vous puissiez l'emporter sur moi; ajoutez que je suis née baronne avec soixante et douze quartiers, et que j'ai été cuisinière. — Mademoiselle, répondit la vieille, vous ne savez pas quelle est ma naissance; et si je vous montrais mon derrière, vous ne parleriez pas comme vous faites, et vous suspendriez votre jugement.» Ce discours fit naître une extrême curiosité dans l'esprit de Cunégonde et de Candide. La vieille leur parla en ces termes.

I. Compte rendu de lecture

Faites le récit des événements sur l'itinéraire du trio en fuite.
Continuez les transformations du discours direct en discours rapporté et augmentez votre répertoire en verbes introducteurs selon le schéma d'interprétation indiqué au 9e chapitre.
Tâchez d'employer les verbes introducteurs suivants pour rendre le discours direct. Choisissez-les pour les énoncés pour lesquels ils conviennent:
il/elle soupçonne qn — se lamente — est optimiste en ce qui concerne ... — console ... — est sceptique quant à ... — reproche à ... de ... — s'inquiète de ... — évoque les principes ... — se moque de ... — renchérit sur ... — caractérise (de) ... — allègue comme preuve ... — propose de ... — a des doutes sur ... — est dans l'embarras quant à ... — avoue son affliction

II. Analyse

1. De quelle manière est anticipé le Nouveau monde dans ce chapitre?
2. Comment Candide résume-t-il les expériences qu'il a vécues dans le Vieux monde?
3. Sur quels plans l'histoire de la vieille est-elle justifiée après ce chapitre?
4. Relevez des passages comiques dans le chapitre 10.

46 **l'amant** (m) qui a l'intention d'épouser une fille.

CHAPITRE ONZIÈME.

HISTOIRE DE LA VIEILLE.

Résumé: *Dans les chapitres 11 et 12 la vieille raconte ses malheurs: fille d'un pape (Urbain X) et d'une princesse elle a grandi dans le luxe. Peu de temps avant ses noces avec un prince souverain, celui-ci a été empoisonné par une ancienne maîtresse. La jeune fiancée s'est fait prendre ensuite avec sa mère par des corsaires et elles ont été menées comme esclaves au Maroc où sévissaient des guerres civiles atroces. Sa mère et les filles d'honneur ont été écartelées puis massacrées, et ce n'est que par chance que la princesse «mourante sur un tas de morts» a survécu à ce carnage.*

CHAPITRE DOUZIÈME.

SUITE DES MALHEURS DE LA VIEILLE.

Résumé: *Après avoir échappé à la mort, la princesse s'est fait vendre à Alger par un eunuque. C'est là qu'elle a connu la peste, mais elle a échappé à la mort une nouvelle fois. Un marchand l'a achetée et l'a menée à Tunis où elle a été vendue et revendue. C'est ainsi qu'elle a vu Tripoli, Alexandrie, Smyrne, Constantinople et enfin, avec l'infanterie turque, elle a défendu la ville d'Azof contre les Russes. Pendant le siège d'Azof l'extrémité de la famine parmi les soldats lui a coûté une fesse (voir l'allusion des chapitres précédents). Par la suite, elle a réussi à s'enfuir et elle a traversé la Russie, l'Allemagne, la Hollande, et elle se serait suicidée si elle n'aimait pas tant la vie. Finalement elle a été servante du juif Don Issachar où elle a rencontré Cunégonde.*

CHAPITRE TREIZIÈME.

COMMENT CANDIDE FUT OBLIGÉ DE SE SÉPARER DE LA BELLE CUNÉGONDE ET DE LA VIEILLE.

La belle Cunégonde, ayant entendu l'histoire de la vieille, lui fit toutes les politesses qu'on devait à une personne de son rang et de son mérite. Elle accepta la proposition; elle engagea tous les passagers, l'un après l'autre, à lui conter leurs aventures. Candide et elle avouèrent que la vieille avait raison. «C'est bien dommage, disait Candide, que le sage Pangloss ait été pendu contre la coutume dans un auto-da-fé; il nous dirait des choses admirables sur le mal physique et sur le mal moral qui couvrent la terre et la mer, et je me sentirais assez de force pour oser lui faire respectueusement quelques objections.»

A mesure que chacun racontait son histore, le vaisseau avançait. On aborda dans Buenos-Ayres. Cunégonde, le capitaine Candide et la vieille allèrent chez le gouverneur don Fernando d'Ibaraa, y Figueora, y Mascarenes, y Lampourdos, y Souza. Ce seigneur avait une fierté convenable à un homme qui portait tant de noms. Il parlait aux hommes avec le dédain le plus noble, portant le nez si haut, élevant si impitoyablement la voix, prenant un ton si imposant, affectant une démarche si altière, que tous ceux qui le saluaient étaient tentés de le battre. Il aimait les femmes à la fureur. Cunégonde lui parut ce qu'il avait jamais vu de plus beau. La première chose qu'il fit fut de demander si elle n'était point la femme du capitaine. L'air dont il fit cette question alarma Candide: il n'osa pas dire qu'elle était sa femme, parce qu'en effet elle ne l'était point; il n'osait pas dire que c'était sa sœur, parce qu'elle ne l'était pas non plus; et quoique ce mensonge officieux eût été autrefois très à la mode chez les anciens, et qu'il pût être utile aux modernes, son âme était trop pure pour trahir la vérité. «Mademoiselle Cunégonde, dit-il, doit me faire l'honneur de m'épouser et nous supplions Votre Excellence de daigner faire notre noce.»

Don Fernando d'Ibaraa, y Figueora, y Mascarenes, y Lampourdos, y Souza, relevant sa moustache, sourit amèrement, et ordonna au capitaine Candide d'aller faire la revue de sa compagnie. Candide obéit; le gouverneur demeura avec mademoiselle Cunégonde. Il lui déclara sa passion, lui protesta que le lendemain il l'épouserait à la face de l'Église, ou autrement, ainsi qu'il plairait à ses charmes. Cunégonde lui demanda un quart d'heure pour se recueillir, pour consulter la vieille, et pour se déterminer.

La vieille dit à Cunégonde: «Mademoiselle, vous avez soixante et douze quartiers et pas une obole; il ne tient qu'à vous d'être la femme du plus grand seigneur de l'Amérique méridionale, qui a une très belle moustache; est-ce à vous de vous piquer d'une fidélité à toute épreuve? Vous avez été violée par les Bulgares; un juif et un inquisiteur ont eu vos bonnes grâces: les malheurs donnent des droits. J'avoue que, si j'étais à votre place, je ne ferais aucun scrupule d'épouser monsieur le gouverneur, et de faire la fortune de monsieur le capitaine Candide.» Tandis que la vieille parlait avec toute la prudence que l'âge et l'expérience donnent, on vit entrer dans le port un petit vaisseau; il portait un alcade et des alguazils, et voici ce qui était arrivé.

[14] **don Fernando. . .** nom fantaisiste et caricatural — [16] **le dédain** mépris — [18] **altier, -ière** orgueilleux — [24] **le mensonge officieux** mensonge exigé par les circonstances (Notlüge) — [28] **la noce** mariage — [37] **l'obole** (f) ici: le moindre sou — [38] **méridional,e** du sud — [39] **se piquer de** se vanter, être fier — [40] **avoir les bonnes grâces** (d'une femme) avoir ses faveurs — [45] **l'alcade** (m) maire en Espagne — **l'alguazil** (m) agent de police.

La vieille avait très bien deviné que ce fut un cordelier à la grande manche qui vola l'argent et les bijoux de Cunégonde dans la ville de Badajos, lorsqu'elle fuyait en hâte avec Candide. Ce moine voulut vendre quelques-unes des pierreries à un joaillier. Le marchand les reconnut pour celles du grand inquisiteur. Le cordelier, avant d'être pendu, avoua qu'il les avait volées: il indiqua les personnes, et la route qu'elles prenaient. La fuite de Cunégonde et de Candide était déjà connue. On les suivit à Cadix: on envoya sans perdre de temps, un vaisseau à leur poursuite. La vaisseau était déjà dans le port de Buenos-Ayres. Le bruit se répandit qu'un alcade allait débarquer, et qu'on poursuivait les meurtriers de monseigneur le grand inquisiteur. La prudente vieille vit dans l'instant tout ce qui était à faire. «Vous ne pouvez fuir, dit-elle à Cunégonde, et vous n'avez rien à craindre: ce n'est pas vous qui avez tué monseigneur, et d'ailleurs le gouverneur, qui vous aime, ne souffrira pas qu'on vous maltraite; demeurez.» Elle court sur-le-champ à Candide: «Fuyez, dit-elle, ou dans une heure vous allez être brûlé.» Il n'y avait pas un moment à perdre; mais comment se séparer de Cunégonde, et où se réfugier?

I. Compte rendu de lecture

1. Transformez le discours direct en discours rapporté et intégrez-le dans un compte rendu de lecture de ce chapitre.
   Utilisez les verbes introducteurs qui conviennent et dans l'ordre convenable: avouer — regretter — tirer l'attention sur le fait que — suggérer — mettre en relief — rappeler qc à qn — justifier — encourager — exhorter qn à faire qc — constater — hésiter — inviter à prier de
2. Tâchez de résumer le chapitre à partir de vos notes (phrases-clé, titres, enchaînement des idées). Choisissez un passage pour la lecture à haute voix.
3. Prise de notes: Prenez des notes du compte rendu et complétez ce que vous n'avez pas compris par des questions que vous poserez à votre camarade.
4. Préparez un **rapport de séance** («Protokoll») dans lequel vous résumerez les comptes rendus de lecture de vos camarades (chapitres 8—10 et 13) ainsi que celui de votre professeur (chapitres 11 et 12). Suivez le schéma ci-dessous:
   La date etc.:

a) **Le sujet:** Le thème de notre dernier cours de français était le suivant: . . .

b) **La procédure:** Le cours a été commencé par . . . avec une lecture du dernier rapport de séance / une révision de . . . / quelques questions sur . . . / un compte rendu de lecture de . . . / une série de résumés faits par . . . / une discussion des problèmes posés pendant le cours antérieur . . . /

c) **Analyse:** Ensuite nous avons analysé le passage . . . / la première partie du chapitre / le récit de . . . / le style de . . . / nous avons relevé des exemples de . . . / des passages qui . . . /

46 **à la grande manche** allusion à une dispute entre les religieux sur la forme de leur manche.

d) **Interprétation:** Nous avons interprété . . . / essayé de déterminer . . . comparé . . . / nous sommes arrivés à la conclusion suivante: . . . /

e) **L'intervention:** L'intervention / la question / de . . . visait . . . / untel a soulevé le problème de . . . / nous avons cherché une solution au problème de . . . / untel a mis en relief le fait que . . . / untel a réfuté la thèse . . . /

f) **Résultats:** En conclusion nous avons retenu que . . . / dressé une liste des expressions suivantes: . . . / dessiné un diagramme qui symbolise . . . / le prof a dicté des phrases-clé sous forme de thèses / en rétrospective nous avons vérifié / falsifié les hypothèses sur . . . /

g) **Devoirs:** A la fin le prof a nommé un rapporteur de séance / donné des devoirs / le devoir était le suivant: travail en équipe / compte rendu de lecture / reprise du thème sur la base de la prise de notes / résumé de l'interview / analyse du passage . . . /

II. Analyse

1. Candide est-il toujours le disciple inconditionnel de son maître Pangloss?
2. Faites le portrait du gouverneur et relevez surtout ses traits comiques.
3. Comment s'exprime la sagesse de la vieille aux instants critiques?

CHAPITRE QUATORZIÈME.

COMMENT CANDIDE ET CACAMBO FURENT REÇUS CHEZ LES JÉSUITES DU PARAGUAI.

Candide avait amené de Cadix un valet tel qu'on en trouve beaucoup sur les côtes d'Espagne et dans les colonies. C'était un quart d'Espagnol, né d'un métis dans le Tucuman; il avait été enfant de chœur, sacristain, matelot, moine, facteur, soldat, laquais. Il s'appelait Cacambo, et aimait fort son maître, parce que son maître était un fort bon homme. Il sella au plus vite les deux chevaux andalous. «Allons, mon maître, suivons le conseil de la vieille; partons, et courons sans regarder derrière nous.» Candide versa des larmes: «O ma chère Cunégonde! faut-il vous abandonner dans le temps que monsieur le gouverneur va faire nos noces! Cunégonde amenée de si loin, que deviendrez-vous? — Elle deviendra ce quelle pourra, dit Cacambo; les femmes ne sont jamais embarrassées d'elles; Dieu y pourvoit; courons. — Où me mènes-tu? où allons-nous? que ferons-nous sans Cunégonde? disait Candide. — Par St. Jacques de Compostelle, dit Cacambo, vous alliez faire la guerre aux jésuites;

[5] **le métis** [metis] Mestize — **le Tucuman** province de l'Argentine — **le sacristain** personne chargée des services dans l'église — [6] **le facteur** ici: all. Kommissionär — [10] **dans le temps** ici: pendant — [13] **être embarrassé,e de** se faire des soucis inutilement — **pourvoir à** fournir le nécessaire à, s'occuper de.

allons la faire pour eux: je sais assez les chemins, je vous mènerai dans leur royaume, ils seront charmés d'avoir un capitaine qui fasse l'exercice à la bulgare; vous ferez une fortune prodigieuse: quand on n'a pas son compte dans un monde, on le trouve dans un autre. C'est un très grand plaisir de voir et de faire des choses nouvelles.

— Tu as donc été déjà dans le Paraguai? dit Candide. — Eh vraiment oui! dit Cacambo; j'ai été cuistre dans le collège de l'Assomption, et je connais le gouvernement de Los Padres comme je connais les rues de Cadix. C'est une chose admirable que ce gouvernement. Le royaume a déjà plus de trois cents lieues de diamètre; il est divisé en trente provinces. Los Padres y ont tout, et les peuples rien; c'est le chef-d'œuvre de la raison et de la justice. Pour moi, je ne vois rien de si divin que Los Padres, qui font ici la guerre au roi d'Espagne et au roi de Portugal, et qui en Europe confessent ces rois; qui tuent ici des Espagnols, et qui à Madrid les envoient au ciel: cela me ravit; avançons: vous allez être le plus heureux de tous les hommes. Quel plaisir auront Los Padres quand ils sauront qu'il leur vient un capitaine qui sait l'exercice bulgare!»

Dès qu'ils furent arrivés à la première barrière, Cacambo dit à la garde avancée qu'un capitaine demandait à parler à monseigneur le commandant. On alla avertir la grande garde. Un officier paraguain courut aux pieds du commandant lui donner part de la nouvelle. Candide et Cacambo furent d'abord désarmés; on se saisit de leurs deux chevaux andalous. Les deux étrangers sont introduits au milieu de deux files de soldats; le commandant était au bout, le bonnet à trois cornes en tête, la robe retroussée, l'épée au côté, l'esponton à la main. Il fit un signe; aussitôt vingt-quatre soldats entourent les deux nouveaux venus. Un sergent leur dit qu'il faut attendre, que le commandant ne peut leur parler, que le révérend père provincial ne permet pas qu'aucun Espagnol ouvre la bouche qu'en sa présence, et demeure plus de trois heures dans le pays. «Et où est le révérend père provincial? dit Cacambo. — Il est à la parade après avoir dit sa messe, répondit le sergent, et vous ne pourrez baiser ses éperons que dans trois heures. — Mais, dit Cacambo, monsieur le capitaine, qui meurt de faim comme moi, n'est point Espagnol, il est allemand; ne pourrions-nous point déjeuner en attendant Sa Révérence?»

Le sergent alla sur-le-champ rendre compte de ce discours au commandant. «Dieu soit béni! dit ce seigneur, puisqu'il est Allemand, je peux lui parler; qu'on le mène dans ma feuillée.» Aussitôt on conduit Candide dans un cabinet de verdure, orné d'une très jolie colonnade de marbre vert et or, et de treillages

[17] **leur royaume** Il s'agit en vérité d'une république. — [22] **le cuistre** valet qui s'occupait de la cuisine d'un collège — **le collège de l'Assomption** principal collège des jésuites — [23] **los padres** (esp.) les pères jésuites — [38] **le bonnet à trois cornes** coiffure des jésuites — **retrousser** remonter — [39] **l'esponton** (m) lance — [45] **l'éperon** (m) Sporn — [50] **la feuillée** abri de feuillage — [51] **le treillage** Laube.

qui renfermaient des perroquets, des colibris, des oiseaux-mouches, des pintades, et tous les oiseaux les plus rares. Un excellent déjeuner était préparé dans des vases d'or; et tandis que les Paraguains mangèrent du maïs dans des écuelles de bois, en plein champ, à l'ardeur du soleil, le révérend père commandant entra dans la feuillée.

C'était un très beau jeune homme, le visage plein, assez blanc, haut en couleur, le sourcil relevé, l'œil vif, l'oreille rouge, les lèvres vermeilles, l'air fier, mais d'une fierté qui n'était ni celle d'un Espagnol ni celle d'un jésuite. On rendit à Candide et à Cacambo leurs armes, qu'on leur avait saisies, ainsi que les deux chevaux andalous; Cacambo leur fit manger l'avoine auprès de la feuillée, ayant toujours l'œil sur eux, crainte de surprise.

Candide baisa d'abord le bas de la robe du commandant, ensuite ils se mirent à table. «Vous êtes donc Allemand? lui dit le jésuite en cette langue. — Oui, mon révérend père», dit Candide. L'un et l'autre, en prononçant ces paroles, se regardaient avec une extrême surprise, et une émotion dont ils n'étaient pas les maîtres. «Et de quel pays d'Allemagne êtes-vous? dit le jésuite. — De la sale province de Vestphalie, dit Candide; je suis né dans le château de Thunder-ten-tronckh. — O ciel! est-il possible! s'écria le commandant. — Quel miracle! s'écria Candide. — Serait-ce vous? dit le commandant. — Cela n'est pas possible, dit Candide.» Ils se laissent tomber tous deux à la renverse, ils s'embrassent, ils versent des ruisseaux de larmes. «Quoi! serait-ce vous, mon révérend père? vous, le frère de la belle Cunégonde! vous, qui fûtes tué par les Bulgares! vous, le fils de monsieur le baron! vous, jésuite au Paraguai! Il faut avouer que ce monde est une étrange chose. O Pangloss! Pangloss! que vous seriez aise si vous n'aviez pas été pendu!»

Le commandant fit retirer les esclaves nègres et les Paraguains qui servaient à boire dans des gobelets de cristal de roche. Il remercia Dieu et St. Ignace mille fois; il serrait Candide entre ses bras, leurs visages étaient baignés de pleurs. «Vous seriez bien plus étonné, plus attendri, plus hors de vous-même, dit Candide, si je vous disais que mademoiselle Cunégonde, votre sœur, que vous avez crue éventrée, est pleine de santé. — Où? — Dans votre voisinage, chez monsieur le gouverneur de Buenos-Ayres; et je venais pour vous faire la guerre.» Chaque mot qu'ils prononcèrent dans cette longue conversation accumulait prodige sur prodige. Leur âme tout entière volait sur leur langue, était attentive dans leurs oreilles, et étincelante dans leurs yeux. Comme ils étaient Allemands, ils tinrent table longtemps, en attendant le révérend père provincial, et le commandant parla ainsi à son cher Candide.

52 **le perroquet** Papagei — **l'oiseau-mouche** colibri — 53 **la pintade** Perlhuhn — 54 **le vase** vaisselle — 55 **l'écuelle** (f) sorte d'assiette large et creuse (Napf) — 71 **tomber à la renverse** tomber en arrière — 76 **être aise** satisfait — 78 **St. Ignace** (de Loyola) fondateur de l'ordre des jésuites (1534).

I. Analyse du texte

1. Quels sont les points communs que Cacambo, le nouveau valet de Candide, partage avec la vieille?
   En quoi est-il différent de Candide?
2. Distribuez les traits que voici entre Candide et Cacambo:
   raisonnable — naïf — actif — touche à tout — peureux — sans qualifications pratiques — sentimental — entreprenant — rusé — passif — courageux — hésitant
3. Candide a-t-il mûri en dépit de certains traits de caractère constants? Justifiez votre point de vue en vous appuyant sur le texte.
4. Relevez des exemples de la satire sur le royaume des jésuites tel que Cacambo et Voltaire le voient.
5. Les retrouvailles comme élément de parodie du roman sentimental: Indiquez d'autres exemples.

II. Le style

1. Montrez dans la satire des jésuites telle que Cacambo la présente, les phrases ironiques qui alternent avec des phrases apparemment «neutres» ou élogieuses.
2. Relevez des exemples d'attaque par ricochet de la part de Voltaire.
3. Parlez des clichés sur les Allemands.

III. La structure

1. En combien de parties peut-on diviser ce chapitre? Cherchez des titres pour chacune des parties trouvées.
2. Notez les passages où l'action se déroule au ralenti et où elle est accélérée.

CHAPITRE QUINZIÈME.

COMMENT CANDIDE TUA LE FRÈRE DE SA CHÈRE CUNÉGONDE.

«J'aurai toute ma vie présent à la mémoire le jour horrible où je vis tuer mon père et ma mère, et violer ma sœur. Quand les Bulgares furent retirés, on ne trouva point cette sœur adorable, et on mit dans une charrette ma mère, mon père, et moi, deux servantes et trois petits garçons égorgés, pour nous aller enterrer dans une chapelle de jésuites, à deux lieues du château de mes pères. Un jésuite nous jeta de l'eau bénite; elle était horriblement salée; il en entra quelques gouttes dans mes yeux: le père s'aperçut que ma paupière faisait un petit mouvement: il mit la main sur mon cœur, et le sentit palpiter; je fus

[10] **palpiter** battre très fort.

secouru, et au bout de trois semaines il n'y paraissait pas. Vous savez, mon cher Candide, que j'étais fort joli; je le devins encore davantage; aussi le révérend père Croust, supérieur de la maison, prit pour moi la plus tendre amitié: il me donna l'habit de novice; quelque temps après je fus envoyé à Rome. Le père général avait besoin d'une recrue de jeunes jésuites allemands. Les souverains du Paraguai reçoivent le moins qu'ils peuvent de jésuites espagnols; ils aiment mieux les étrangers, dont ils se croient plus maîtres. Je fus jugé propre par le révérend père général pour aller travailler dans cette vigne. Nous partîmes, un Polonais, un Tyrolien, et moi. Je fus honoré, en arrivant, du sous-diaconat et d'une lieutenance; je suis aujourd'hui colonel et prêtre. Nous recevons vigoureusement les troupes du roi d'Espagne; je vous réponds qu'elles seront excommuniées et battues. La Providence vous envoie ici pour nous seconder. Mais est-il bien vrai que ma chère sœur Cunégonde soit dans le voisinage, chez le gouverneur de Buenos-Ayres?» Candide l'assura par serment que rien n'était plus vrai. Leurs larmes recommencèrent à couler.

Le baron ne pouvait se lasser d'embrasser Candide; il l'appelait son frère, son sauveur. «Ah! peut-être, lui dit-il, nous pourrons ensemble, mon cher Candide, entrer en vainqueurs dans la ville, et reprendre ma sœur Cunégonde. — C'est tout ce que je souhaite, dit Candide; car je comptais l'épouser, et je l'espère encore. — Vous, insolent! répondit le baron, vous auriez l'impudence d'épouser ma sœur, qui a soixante et douze quartiers! Je vous trouve bien effronté d'oser me parler d'un dessein si téméraire!» Candide, pétrifié d'un tel discours, lui répondit: «Mon révérend père, tous les quartiers du monde n'y font rien; j'ai tiré votre sœur des bras d'un juif et d'un inquisiteur; elle m'a assez d'obligations, elle veut m'épouser. Maître Pangloss m'a toujours dit que les hommes sont égaux; et assurément je l'épouserai. — C'est ce que nous verrons, coquin!» dit le jésuite baron de Thunder-ten-tronckh; et en même temps il lui donna un grand coup du plat de son épée sur le visage. Candide dans l'instant tire la sienne, et l'enfonce jusqu'à la garde dans le ventre du baron jésuite; mais en la retirant toute fumante, il se mit à pleurer: «Hélas! mon Dieu, dit-il, j'ai tué mon ancien maître, mon ami, mon beau-frère; je suis le meilleur homme du monde, et voilà déjà trois hommes que je tue; et dans ces trois il y a deux prêtres.»

Cacambo, qui faisait sentinelle à la porte de la feuillée, accourut. «Il ne nous reste qu'à vendre cher notre vie, lui dit son maître; on va, sans doute, entrer

[13] **Croust** jésuite allemand à qui Voltaire en voulait — [14] **le novice** religieux qui vient d'entrer dans un couvent — [15] **le père général** supérieur dans la hiérarchie jésuite — **la recrue** Nachwuchs (Rekruten!) — [18] **la vigne** (= du seigneur) — [20] **le sous-diaconat** rang dans la hiérarchie catholique — **le colonel** chef d'un régiment — [23] **seconder** aider — [32] **effronté,e** insolent (unverschämt) — **le dessein** intention — **pétrifier** immobiliser — [35] **assez de** ici: beaucoup — [44] **la sentinelle** garde, soldat chargé de protéger un lieu.

dans la feuillée; il faut mourir les armes à la main.» Cacambo, qui en avait bien vu d'autres, ne perdit point la tête; il prit la robe de jésuite que portait le baron, la mit sur le corps de Candide, lui donna le bonnet carré du mort, et le fit monter à cheval. Tout cela se fit en un clin d'œil. «Galopons, mon maître; tout le monde vous prendra pour un jésuite qui va donner des ordres; et nous aurons passé les frontières avant qu'on puisse courir après nous.» Il volait déjà en prononçant ces paroles, et en criant en espagnol: «Place, place pour le révérend père colonel!»

I. Analyse du texte

1. Quels sont les éléments nouveaux quant au récit des atrocités commises au château de Thunder-ten-tronckh?
2. De quelle manière l'auteur ridiculise-t-il le baron?
3. Candide a beau être «le meilleur homme du monde», il a quand même tué trois hommes. Pourquoi Voltaire insiste-t-il sur cette constatation?

II. Expression écrite et parlée

Transformez le discours direct en discours rapporté après avoir interprété les passages suivants selon le schéma introduit au chapitre neuvième.
Choisissez les verbes introducteurs qui conviennent:
a) «Je suis aujourd'hui colonel et prêtre.» (l. 20)
b) «Nous recevons . . .» (l. 21)
c) «Je vous réponds . . .» (l. 21)
d) «La Providence . . .» (l. 22)
e) «Mais est-il bien vrai que . . .» (l. 23)
f) «Ah! peut-être . . .» (l. 27)
g) «C'est tout ce que . . .» (l. 29)
h) «Vous, insolent . . .» (l. 30)
il promet de . . ., il se vante de . . ., il se renseigne sur . . ., il propose de . . ., il s'indigne de . . ., il est d'accord sur . . ., il attire l'attention sur le fait que . . ., il exprime sa joie sur . . .

III. Le style

1. Relevez les éléments satiriques dans la carrière du baron.
2. Comment Voltaire prépare-t-il la dispute entre Candide et le baron?
3. Montrez par quelques phrases de Candide que le héros est en train de s'émanciper.
4. Qu'est-ce qui fait que la description des horreurs au début du chapitre se termine de façon comique?
5. Indiquez les exemples de parodie du style sentimental.
6. Quels sont les éléments qui relèvent de la parodie du roman d'aventure?

[48] **le bonnet carré** coiffure des jésuites.

IV. La structure

Comment le malheur ainsi que le bonheur apparent sont-ils répartis dans le chapitre? Dessinez un diagramme des hauts et des bas.

Travaux pratiques

1. *Traduisez les phrases suivantes:*
   — Nous pourrons entrer *en* vainqueurs dans la ville.
   — Tous les quartiers du monde *n'y font rien.*
   — *Il ne nous reste qu'à* vendre cher notre vie.
   — Cacambo, *qui en a bien vu d'autres,* ne perdit point la tête.
2. l'insolence - l'impudence

impertinence	incartade
effronterie	irrévérence
impudence	incivilité

   Quelles nuances y a-t-il entre ces mots? Consultez le dictionnaire.
3. *Quelle différence?*

le dessein — le dessin?	salé — sali?
embrasser — embarrasser?	palper — palpiter?
le serment — le sermon?	compter — conter?

CHAPITRE SEIZIÈME.

CE QUI ADVINT AUX DEUX VOYAGEURS AVEC DEUX FILLES, DEUX SINGES, ET LES SAUVAGES NOMMÉS OREILLONS.

Candide et son valet furent au delà des barrières, et personne ne savait encore dans le camp la mort du jésuite allemand. Le vigilant Cacambo avait eu soin de remplir sa valise de pain, de chocolat, de jambon, de fruits et de quelques mesures de vin. Ils s'enfoncèrent avec leurs chevaux andalous dans un pays inconnu où ils ne découvrirent aucune route. Enfin une belle prairie entrecoupée de ruisseaux se présenta devant eux. Nos deux voyageurs font repaître leurs montures. Cacambo propose à son maître de manger, et lui en donne l'exemple. «Comment veux-tu, disait Candide, que je mange du

3 **les Oreillons** (m) anciens Indiens au Nord du Paraguay: les bijoux qu'ils portaient déformaient leurs oreilles. (oreillons: all. Mumps, Ziegenpeter) — 5 **vigilant** attentif — 6 **la valise** ici: sac de voyage — 9 **entrecouper** interrompre — **faire repaître** faire manger de l'herbe à un cheval — 10 **la monture** cheval.

jambon, quand j'ai tué le fils de monsieur le baron, et que je me vois condamné à ne revoir la belle Cunégonde de ma vie? A quoi me servira de prolonger mes misérables jours, puisque je dois les traîner loin d'elle dans les remords et dans le désespoir? Et que dira le Journal de Trévoux?»

En parlant ainsi, il ne laissa pas de manger. Le soleil se couchait. Les deux égarés entendirent quelques petits cris qui paraissaient poussés par des femmes. Ils ne savaient si ces cris étaient de douleur ou de joie; mais ils se levèrent précipitamment avec cette inquiétude et cette alarme que tout inspire dans un pays inconnu. Ces clameurs partaient de deux filles toutes nues qui couraient légèrement au bord de la pairie, tandis que deux singes les suivaient en leur mordant les fesses. Candide fut touché de pitié; il avait appris à tirer chez les Bulgares, et il aurait abattu une noisette dans un buisson sans toucher aux feuilles. Il prend son fusil espagnol à deux coups, tire, et tue les deux singes. «Dieu soit loué, mon cher Cacambo! j'ai délivré d'un grand péril ces deux pauvres créatures: si j'ai commis un péché en tuant un inquisiteur et un jésuite, je l'ai bien réparé en sauvant la vie à deux filles. Ce sont peut-être deux demoiselles de condition, et cette aventure nous peut procurer de très grands avantages dans le pays.»

Il allait continuer, mais sa langue devint percluse quand il vit ces deux filles embrasser tendrement les deux singes, fondre en larmes sur leurs corps, et remplir l'air des cris les plus douloureux. «Je ne m'attendais pas à tant de bonté d'âme, » dit-il enfin à Cacambo; lequel lui répliqua: «Vous avez fait là un beau chef-d'œuvre, mon maître; vous avez tué les deux amants de ces demoiselles. — Leurs amants! serait-il possible? Vous vous moquez de moi, Cacambo; le moyen de vous croire? — Mon cher maître, repartit Cacambo, vous êtes toujours étonné de tout; pourquoi trouvez-vous si étrange que dans quelques pays il y ait des singes qui obtiennent les bonnes grâces des dames? Ils sont des quarts d'homme, comme je suis un quart d'Espagnol. — Hélas! reprit Candide, je me souviens d'avoir entendu dire à maître Pangloss qu'autrefois pareils accidents étaient arrivés, et que ces mélanges avaient produit des égypans, des faunes, des satyres; que plusieurs grands personnages de l'antiquité en avaient vu; mais je prenais cela pour des fables. — Vous devez être convaincu à présent, dit Cacambo, que c'est une vérité, et vous voyez comment en usent les personnes qui n'ont pas reçu une certaine éducation; tout ce que je crains, c'est que ces dames ne nous fassent quelque méchante affaire.»

[15] **le journal de Trévoux** journal des jésuites fondé à Trévoux — [17] **l'égaré,e** qn qui a perdu son chemin — [25] **délivrer** libérer — [28] **de condition** de naissance noble — **procurer** fournir, donner — [30] **perclus,e** paralysé, incapable de bouger — [42] **les égypans** (m) surnom de Pan et des satyres (voir ce mot dans le dictionnaire) — **les faunes** (m) dieux champêtres dans la mythologie romaine — **les satyres** (m) divinités grecques ressemblant à des boucs.

Ces réflexions solides engagèrent Candide à quitter la prairie, et à s'enfoncer dans un bois. Il y soupa avec Cacambo; et tous deux, après avoir maudit l'inquisiteur de Portugal, le gouverneur de Buenos-Ayres, et le baron, s'endormirent sur de la mousse. A leur réveil, ils sentirent qu'ils ne pouvaient remuer; la raison en était que pendant la nuit les Oreillons, habitants du pays, à qui les deux dames les avaient dénoncés, les avaient garrottés avec des cordes d'écorces d'arbre. Ils étaient entourés d'une cinquantaine d'Oreillons tout nus, armés de flèches, de massues, et de haches de caillou: les uns faisaient bouillir une grande chaudière; les autres préparaient des broches, et tous criaient: «C'est un jésuite, c'est un jésuite! nous serons vengés, et nous ferons bonne chère; mangeons du jésuite, mangeons du jésuite!»

«Je vous l'avais bien dit, mon cher maître, s'écria tristement Cacambo, que ces deux filles nous joueraient d'un mauvais tour.» Candide, apercevant la chaudière et les broches, s'écria : «Nous allons certainement être rôtis ou bouillis. Ah! que dirait maître Pangloss, s'il voyait comme la pure nature est faite? Tout est bien; soit, mais j'avoue qu'il est bien cruel d'avoir perdu mademoiselle Cunégonde et d'être mis à la broche par des Oreillons.» Cacambo ne perdait jamais la tête. «Ne désespérez de rien, dit-il au désolé Candide; j'entends un peu le jargon de ces peuples, je vais leur parler. — Ne manquez pas, dit Candide, de leur représenter quelle est l'inhumanité affreuse de faire cuire des hommes, et combien cela est peu chrétien.»

«Messieurs, dit Cacambo, vous comptez donc manger aujourd'hui un jésuite? C'est très bien fait; rien n'est plus juste que de traiter ainsi ses ennemis. En effet le droit naturel nous enseigne à tuer notre prochain, et c'est ainsi qu'on en agit dans toute la terre. Si nous n'usons pas du droit de le manger, c'est que nous avons d'ailleurs de quoi faire bonne chère; mais vous n'avez pas les mêmes ressources que nous : certainement il vaut mieux manger ses ennemis que d'abandonner aux corbeaux et aux corneilles le fruit de sa victoire. Mais, messieurs, vous ne voudriez pas manger vos amis. Vous croyez aller mettre un jésuite en broche, et c'est votre défenseur, c'est l'ennemi de vos ennemis que vous allez rôtir. Pour moi, je suis né dans votre pays; monsieur que vous voyez est mon maître, et bien loin d'être jésuite, il vient de tuer un jésuite, il en porte les dépouilles; voilà le sujet de votre méprise. Pour vérifier ce que je vous dis, prenez sa robe, portez-la à la première barrière du royaume de Los Padres; informez-vous si mon maître n'a pas tué un officier jésuite. Il vous faudra peu de temps; vous pourrez toujours nous manger, si vous trouvez que je vous ai menti. Mais, si je vous ai dit la vérité, vous connaissez trop les principes du droit public, les mœurs et les lois, pour ne nous pas faire grâce.»

[53] **garrotter** ici: lier — [55] **la massue** Keule — [56] **la chaudière** Kessel — **la broche** Bratspieß — [57] **faire bonne chère** bien manger — [80] **les dépouilles** (f) ici: vêtements.

Dans ce chapitre Voltaire raille "le bon sauvage" de J. J. Rousseau
la „pure" nature = le cannibalisme, l'anthropophagie
(Menschenfresserei)

Les Oreillons trouvèrent ce discours très raisonnable; ils députèrent deux notables pour aller en diligence s'informer de la vérité; les deux députés s'acquittèrent de leur commission en gens d'esprit, et revinrent bientôt apporter de bonnes nouvelles. Les Oreillons délièrent leurs deux prisonniers, leur firent toutes sortes de civilités, leurs offrirent des filles, leur donnèrent des rafraîchissements, et les reconduisirent jusqu'aux confins de leurs États, en criant avec allégresse : «Il n'est point jésuite, il n'est point jésuite!»

Candide ne se lassait point d'admirer le sujet de sa délivrance. «Quel peuple! disait-il, quels hommes! quelles mœurs! si je n'avais pas eu le bonheur de donner un grand coup d'épée au travers du corps du frère de mademoiselle Cunégonde, j'étais mangé sans rémission. Mais, après tout, la pure nature est bonne, puisque ces gens-ci, au lieu de me manger, m'ont fait mille honnêtetés dès qu'ils ont su que je n'étais pas jésuite.»

I. Analyse du texte

1. Pour J. J. Rousseau le «bon sauvage» est meilleur que l'homme civilisé. Relevez les allusions moqueuses de ce mythe.
2. Y a-t-il aussi des passages destinés à railler la philosophie optimiste de Leibniz?
3. Attribuez à Candide et à Cacambo les qualités ci-dessous et citez des exemples à l'appui de ces deux portraits.
   vigilant — inexpérimenté — peureux — réaliste — spirituel — naïf — railleur — habile — scrupuleux — il a du sang-froid — prévoyant — courageux — désolé — découragé
   Pour varier, utilisez les expressions suivantes:
   — untel est . . .
   a l'air d'être . . .
   semble être . . .
   est présenté comme . . .
   est caractérisé comme . . .
   — un des traits saillants de X est sa/son . . . (substantif)

II. Expression écrite et parlée

Transformation du discours direct en discours rapporté:
Interprétez le discours de Cacambo en le transformant en discours rapporté. Accordez les verbes introducteurs qui conviennent:
a) «C'est très bien fait . . .» (l. 70)
b) «En effet le droit naturel . . .» (l. 71)
c) «Si nous n'usons pas . . .» (l. 72)
d) «Certainement il vaut mieux . . .» (l. 74)

[86] **députer qn** charger d'une mission — [87] **en diligence** rapidement — [90] **la civilité** politesse — [91] **les confins** (m) frontière — [92] **l'allégresse** (f) joie.

e) «Mais, messieurs, . . .» (l. 76)
f) «Vous croyez aller . . .» (l. 76)
g) «Pour moi je suis né . . .» (l. 78)
h) «Pour vérifier ce que . . .» (l. 80)
i) «Vous pourrez toujours . . .» (l. 83)
j) «Mais, si je vous ai dit . . .» (l. 84)

il explique pourquoi . . . — il se montre d'accord avec . . . quant à . . . — il les détrompe sur . . . — il les encourage à . . . — il les approuve quant à . . . — il se réfère à . . . — il en appelle à . . . — il leur propose de . . . — il révèle leur identité . . . — il les complimente sur . . . — il les flatte à propos de . . . — il les invite à . . . — il les somme de . . . — il met en relief . . . — il justifie . . . — il évoque . . . — il cite . . . — il fait appel à . . . — (Parfois, deux verbes introducteurs sont possibles!)

III. Le style

1. Analysez le discours de Cacambo et mettez en relief l'enchaînement des appels aux sauvages.
2. Où réside l'effet humoristique dans le refrain des Oreillons «mangeons *du* jésuite . . .»?

(IV. Texte complémentaire)

Résumez la lettre de Voltaire à J. J. Rousseau (v. Annexe, p. 85). Relevez les arguments principaux par lesquels Voltaire attaque Rousseau. Choisissez quelques exemples de sarcasme voltairien.

CHAPITRE DIX-SEPTIÈME.

ARRIVÉE DE CANDIDE ET DE SON VALET AU PAYS D'ELDORADO, ET CE QU'ILS Y VIRENT.

Quand ils furent aux frontières des Oreillons : «Vous voyez, dit Cacambo à Candide, que cet hémisphère-ci ne vaut pas mieux que l'autre; croyez-moi, retournons en Europe par le plus court. — Comment y retourner, dit Candide; et où aller? Si je vais dans mon pays, les Bulgares et les Abares y égorgent tout; si je retourne en Portugal, j'y suis brûlé; si nous restons dans ce pays-ci, nous risquons à tout moment d'être mis en broche. Mais comment se résoudre à quitter la partie du monde que mademoiselle Cunégonde habite?

[2] **Eldorado** = El Dorado (esp.): le pays doré.

— Tournons vers la Cayenne, dit Cacambo, nous y trouverons des Français, qui vont par tout le monde; ils pourront nous aider. Dieu aura peut-être pitié de nous.»

Il n'était pas facile d'aller à la Cayenne; ils savaient bien à peu près de quel côté il fallait marcher; mais des montagnes, des fleuves, des précipices, des brigands, des sauvages, étaient partout de terribles obstacles. Leurs chevaux moururent de fatigue; leurs provisions furent consumées; ils se nourrirent un mois entier de fruits sauvages, et se trouvèrent enfin auprès d'une petite rivière bordée de cocotiers, qui soutinrent leur vie et leurs espérances.

Cacambo, qui donnait toujours d'aussi bons conseils que la vieille, dit à Candide: «Nous n'en pouvons plus, nous avons assez marché; j'aperçois un canot vide sur le rivage, emplissons-le de cocos, jetons-nous dans cette petite barque, laissons-nous aller au courant; une rivière mène toujours à quelque endroit habité. Si nous ne trouvons pas des choses agréables, nous trouverons du moins des choses nouvelles. — Allons, dit Candide, recommandons-nous à la Providence.»

Ils voguèrent quelques lieues entre des bords tantôt fleuris, tantôt arides, tantôt unis, tantôt escarpés. La rivière s'élargissait toujours; enfin elle se perdait sous une voûte de rochers épouvantables qui s'élevaient jusqu'au ciel. Les deux voyageurs eurent la hardiesse de s'abandonner aux flots sous cette voûte. Le fleuve, resserré en cet endroit, les porta avec une rapidité et un bruit horrible. Au bout de vingt-quatre heures ils revirent le jour; mais leur canot se fracassa contre les écueils; il fallut se traîner de rocher en rocher pendant une lieue entière; enfin ils découvrirent un horizon immense, bordé de montagnes inaccessibles. Le pays était cultivé pour le plaisir comme pour le besoin; partout l'utile était agréable. Les chemins étaient couverts ou plutôt ornés de voitures d'une forme et d'une matière brillante, portant des hommes et des femmes d'une beauté singulière, traînés rapidement par de gros moutons rouges qui surpassaient en vitesse les plus beaux chevaux d'Andalousie, de Tétuan et de Méquinez.

«Voilà pourtant, dit Candide, un pays qui vaut mieux que la Vestphalie.» Il mit pied à terre avec Cacambo auprès du premier village qu'il rencontra. Quelques enfants du village, couverts de brocarts d'or tout déchirés, jouaient au palet à l'entrée du bourg; nos deux hommes de l'autre monde s'amusèrent à

[11] **la Cayenne** île et ville du même nom en Guyane — [15] **le précipice** abîme (Schlucht) — [16] **le brigand** bandit (Ici les brigands sont introduits comme élément du genre romanesque.) — [19] **le cocotier** arbre dont les fruits sont les noix de coco — [27] **voguer** avancer sur l'eau — **aride** sec — [28] **escarpé,e** raide — [29] **la voûte** ici: plafond d'une caverne — [31] **resserré,e** étroit — [33] **se fracasser** se briser avec violence — **l'écueil** (m) rocher — [40] **Tétuan** (vx) Tétouan, ville dans le Maroc espagnol — **Méquinez** (vx) Meknès, grande ville au Maroc — [44] **le palet** pièce de métal ronde que l'on jette le plus près possible d'un but.

les regarder: leurs palets étaient d'assez larges pièces rondes, jaunes, rouges, vertes, qui jetaient un éclat singulier. Il prit envie aux voyageurs d'en ramasser quelques-uns; c'était de l'or, c'était des émeraudes, des rubis, dont le moindre aurait été le plus grand ornement du trône du Mogol. «Sans doute, dit Cacambo, ces enfants sont les fils du roi du pays, qui jouent au petit palet.» Le magister du village parut dans ce moment pour les faire rentrer à l'école. «Voilà, dit Candide, le précepteur de la famille royale.»

Les petits gueux quittèrent aussitôt le jeu, en laissant à terre leurs palets, et tout ce qui avait servi à leurs divertissements. Candide les ramasse, court au précepteur, et les lui présente humblement, lui faisant entendre par signes que leurs altesses royales avaient oublié leur or et leurs pierreries. Le magister du village, en souriant, les jeta par terre, regarda un moment la figure de Candide avec beaucoup de surprise, et continua son chemin.

Les voyageurs ne manquèrent pas de ramasser l'or, les rubis, et les émeraudes. «Où sommes-nous? s'écria Candide. Il faut que les enfants des rois de ce pays soient bien élevés, puisqu'on leur apprend à mépriser l'or et les pierreries.» Cacambo était aussi surpris que Candide. Ils approchèrent enfin de la première maison du village; elle était bâtie comme un palais d'Europe. Une foule de monde s'empressait à la porte, et encore plus dans le logis; une musique très agréable se faisait entendre, et une odeur délicieuse de cuisine se faisait sentir. Cacambo s'approcha de la porte, et entendit qu'on parlait péruvien; c'était sa langue maternelle; car tout le monde sait que Cacambo était né au Tucuman, dans un village où l'on ne connaissait que cette langue. «Je vous servirai d'interprète, dit-il à Candide; entrons, c'est ici un cabaret.»

Aussitôt deux garçons et deux filles de l'hôtellerie, vêtus de drap d'or, et les cheveux renoués avec des rubans, les invitent à se mettre à la table de l'hôte. On servit quatre potages garnis chacun de deux perroquets, un contour bouilli qui pesait deux cents livres, deux singes rôtis d'un goût excellent, trois cents colibris dans un plat, et six cents oiseaux-mouches dans un autre; des ragoûts exquis, des pâtisseries délicieuses; le tout dans des plats d'une espèce de cristal de roche. Les garçons et les filles de l'hôtellerie versaient plusieurs liqueurs faites de canne de sucre.

Les convives étaient pour la plupart des marchands et des voituriers, tous d'une politesse extrême, qui firent quelques questions à Cacambo avec la discrétion la plus circonspecte, et qui répondirent aux siennes d'une manière à le satisfaire.

Quand le repas fut fini, Cacambo crut, ainsi que Candide, bien payer son écot en jetant sur la table de l'hôte deux de ces larges pièces d'or qu'il avait

47 **l'émeraude** (f) pierre précieuse verte (Smaragd) — 48 **le Mogol** l'empereur des Indes — 50 **le magister** maître d'école — 70 **la table de l'hôte** où l'on mange autant qu'on veut et au prix fixe — 71 **le contour (= condor)** oiseau rapace (Kondor) — 76 **la canne de sucre** Zuckerrohr.

ramassées; l'hôte et l'hôtesse éclatèrent de rire, et se tinrent longtemps les côtés. Enfin ils se remirent. «Messieurs, dit l'hôte, nous voyons bien que vous êtes des étrangers; nous ne sommes pas accoutumés à en voir. Pardonnez-nous si nous nous sommes mis à rire quand vous nous avez offert en payement les cailloux de nos grands chemins. Vous n'avez pas sans doute de la monnaie du pays, mais il n'est pas nécessaire d'en avoir pour dîner ici. Toutes les hôtelleries établies pour la commodité du commerce sont payées par le gouvernement. Vous avez fait mauvaise chère ici, parce que c'est un pauvre village; mais partout ailleurs vous serez reçus comme vous méritez de l'être.» Cacambo expliquait à Candide tous les discours de l'hôte, et Candide les écoutait avec la même admiration et le même égarement que son ami Cacambo les rendait. «Quel est donc ce pays, disaient-ils l'un et l'autre, inconnu à tout le reste de la terre, et où toute la nature est d'une espèce si différente de la nôtre? C'est probablement le pays où tout va bien: car il faut absolument qu'il y en ait un de cette espèce. Et, quoi qu'en dît maître Pangloss, je me suis souvent aperçu que tout allait mal en Vestphalie.»

I. Compte rendu de lecture

Résumez le chapitre 17 en vous appuyant sur les points de repère suivants:

1. Appréciation des expériences au Nouveau monde et comparaison avec le Vieux monde
2. Propositions de Cacambo
3. Les obstacles sur le chemin de la Cayenne
4. L'embarquement
5. Naufrage et sauvetage
6. La découverte d'un nouveau pays
7. Avidité et mépris de l'or
8. Le bon accueil au cabaret
9. Le comportement des gens et leurs coutumes
10. L'émerveillement devant le Nouveau monde

II. Analyse du texte

1. La relativité des valeurs: Montrez comment ce chapitre se détache des chapitres précédents.
2. Relevez les allusions à la Westphalie et indiquez-en la fonction dans ce chapitre.
3. Formulez les valeurs qui règnent dans le pays d'Eldorado.
4. Le comportement des habitants de l'Eldorado ne représente-t-il pas une satire par ricochet des coutumes du Vieux monde?

93 **l'égarement** (m) ici: étonnement.

CHAPITRE DIX-HUITIÈME.

CE QU'ILS VIRENT DANS LE PAYS D'ELDORADO.

Cacambo témoigna à son hôte toute sa curiosité; l'hôte lui dit: «Je suis fort ignorant, et je m'en trouve bien; mais nous avons ici un vieillard retiré de la cour qui est le plus savant homme du royaume, et le plus communicatif.» Aussitôt il mène Cacambo chez le vieillard. Candide ne jouait plus que le second personnage, et accompagnait son valet. Ils entrèrent dans une maison fort simple, car la porte n'était que d'argent, et les lambris des appartements n'étaient que d'or, mais travaillés avec tant de goût que les plus riches lambris ne l'effaçaient pas. L'antichambre n'était à la vérité incrustée que de rubis et d'émeraudes; mais l'ordre dans lequel tout était arrangé réparait bien cette extrême simplicité.

Le vieillard reçut les deux étrangers sur un sofa matelassé de plumes de colibri, et leur fit présenter des liqueurs dans des vases de diamant; après quoi il satisfit à leur curiosité en ces termes :

«Je suis âgé de cent soixante et douze ans, et j'ai appris de feu mon père, écuyer du roi, les étonnantes révolutions du Pérou dont il avait été témoin. Le royaume où nous sommes est l'ancienne patrie des Incas, qui en sortirent très imprudemment pour aller subjuguer une partie du monde et qui furent enfin détruits par les Espagnols. Les princes de leur famille qui restèrent dans leur pays natal furent plus sages; ils ordonnèrent, du consentement de la nation, qu'aucun habitant ne sortirait jamais de notre petit royaume; et c'est ce qui nous a conservé notre innocence et notre félicité. Les Espagnols ont eu une connaissance confuse de ce pays, ils l'ont appelé *El Dorado*; et un Anglais, nommé le chevalier Raleigh, en a même approché il y a environ cent années; mais, comme nous sommes entourés de rochers inabordables et de précipices, nous avons toujours été jusqu'à présent à l'abri de la rapacité des nations de l'Europe, qui ont une fureur inconcevable pour les cailloux et pour la fange de notre terre, et qui, pour en avoir, nous tueraient tous jusqu'au dernier.»

La conversation fut longue; elle roula sur la forme du gouvernement, sur les mœurs, sur les femmes, sur les spectacles publics, sur les arts. Enfin Candide, qui avait toujours du goût pour la métaphysique, fit demander par Cacambo si dans le pays il y avait une religion.

[8] **les lambris** (m) Wandverkleidung — [16] **feu mon père** mon père qui est mort — [17] **l'écuyer** gentilhomme au service d'un prince (Junker) — [19] **subjuguer qn** soumettre — [25] **Raleigh** (Sir Walter R.) célèbre marin anglais (1552—1618) qui fut chargé par la reine Elisabeth de découvrir l'Eldorado — [27] **la rapacité** désir excessif de s'enrichir — [28] **inconcevable** incompréhensible — **la fange** boue (Schlamm).

Le vieillard rougit un peu. «Comment donc! dit-il; en pouvez-vous douter? Est-ce que vous nous prenez pour des ingrats?» Cacambo demanda humblement quelle était la religion d'Eldorado. Le vieillard rougit encore: «Est-ce qu'il peut y avoir deux religions? dit-il. Nous avons, je crois, la religion de tout le monde; nous adorons Dieu du soir jusqu'au matin. — N'adorez-vous qu'un seul Dieu? dit Cacambo, qui servait toujours d'interprète aux doutes de Candide. — Apparemment, dit le vieillard, qu'il n'y en a ni deux, ni trois, ni quatre. Je vous avoue que les gens de votre monde font des questions bien singulières.» Candide ne se lassait pas de faire interroger ce bon vieillard; il voulut savoir comment on priait Dieu dans l'Eldorado. «Nous ne le prions point, dit le bon et respectable sage; nous n'avons rien à lui demander, il nous a donné tout ce qu'il nous faut; nous le remercions sans cesse.» Candide eut la curiosité de voir des prêtres; il fit demander où ils étaient. Le bon vieillard sourit. «Mes amis, dit-il, nous sommes tous prêtres; le roi et tous les chefs de famille chantent des cantiques d'actions de grâces solennellement tous les matins, et cinq ou six mille musiciens les accompagnent. — Quoi! Vous n'avez point de moines qui enseignent, qui disputent, qui gouvernent, qui cabalent, et qui font brûler les gens qui ne sont pas de leur avis? — Il faudrait que nous fussions fous, dit le vieillard; nous sommes tous ici du même avis, et nous n'entendons pas ce que vous voulez dire avec vos moines.» Candide à tous ces discours demeurait en extase, et disait en lui-même: «Ceci est bien différent de la Vestphalie et du château de monsieur le baron: si notre ami Pangloss avait vu Eldorado, il n'aurait plus dit que le château de Thunder-ten-tronckh était ce qu'il y avait de mieux sur la terre; il est certain qu'il faut voyager.»

Après cette longue conversation, le bon vieillard fit atteler un carrosse à six moutons, et donna douze de ses domestiques aux deux voyageurs pour les conduire à la cour. «Excusez-moi, leur dit-il, si mon âge me prive de l'honneur de vous accompagner. Le roi vous recevra d'une manière dont vous ne serez pas mécontents, et vous pardonnerez sans doute aux usages du pays, s'il y en a quelques-uns qui vous déplaisent.»

Candide et Cacambo montent en carrosse; les six moutons volaient, et en moins de quatre heures on arriva au palais du roi, situé à un bout de la capitale. Le portail était de deux cent vingt pieds de haut, et de cent de large; il est impossible d'exprimer quelle en était la matière. On voit assez quelle supériorité prodigieuse elle devait avoir sur ces cailloux et sur ce sable que nous nommons or et pierreries.

Vingt belles filles de la garde reçurent Candide et Cacambo à la descente du carrosse, les conduisirent aux bains, les vêtirent de robes d'un tissu de duvet de

[35] **ingrat,e** qui n'a aucune reconnaissance — [50] **cabaler** intriguer — [58] **atteler** attacher (des chevaux) — [71] **le duvet** petite plume molle (Flaum).

il critique l'absolutisme en France

colibri; après quoi les grands officiers et les grandes officières de la couronne les menèrent à l'appartement de Sa Majesté au milieu de deux files, chacune de mille musiciens, selon l'usage ordinaire. Quand ils approchèrent de la salle du trône, Cacambo demanda à un grand officier comment il fallait s'y prendre pour saluer Sa Majesté: si on se jetait à genoux ou ventre à terre; si on mettait les mains sur la tête ou sur le derrière; si on léchait la poussière de la salle; en un mot, quelle était la cérémonie. «L'usage, dit le grand officier, est d'embrasser le roi et de le baiser des deux côtés.» Candide et Cacambo sautèrent au cou de Sa Majesté, qui les reçut avec toute la grâce imaginable, et qui les pria poliment à souper.

En attendant, on leur fit voir la ville, les édifices publics élevés jusqu'aux nues, les marchés ornés de mille colonnes, les fontaines d'eau pure, les fontaines d'eau rose, celles de liqueurs de canne de sucre qui coulaient continuellement dans de grandes places pavées d'une espèce de pierreries qui répandaient une odeur semblable à celle du gérofle et de la cannelle. Candide demanda à voir la cour de justice, le parlement; on lui dit qu'il n'y en avait point, et qu'on ne plaidait jamais. Il s'informa s'il y avait des prisons, et on lui dit que non. Ce qui le surprit davantage, et qui lui fit le plus de plaisir, ce fut le palais des sciences, dans lequel il vit une galerie de deux mille pas, toute pleine d'instruments de mathématique et de physique.

Après avoir parcouru toute l'après-dînée à peu près la millième partie de la ville, on les remena chez le roi. Candide se mit à table entre Sa Majesté, son valet Cacambo, et plusieurs dames. Jamais on ne fit meilleure chère, et jamais on n'eut plus d'esprit à souper qu'en eut Sa Majesté. Cacambo expliquait les bons mots du roi à Candide, et quoique traduits, ils paraissaient toujours des bons mots. De tout ce qui étonnait Candide, ce n'était pas ce qui l'étonna le moins.

Ils passèrent un mois dans cet hospice. Candide ne cessait de dire à Cacambo: «Il est vrai, mon ami, encore une fois, que le château où je suis né ne vaut pas le pays où nous sommes; mais enfin mademoiselle Cunégonde n'y est pas, et vous avez sans doute quelque maîtresse en Europe. Si nous restons ici, nous n'y serons que comme les autres; au lieu que si nous retournons dans notre monde, seulement avec douze moutons chargés de cailloux d'Eldorado, nous serons plus riches que tous les rois ensemble, nous n'aurons plus d'inquisiteurs à craindre, et nous pourrons aisément reprendre mademoiselle Cunégonde.»

Ce discours plut à Cacambo; on aime tant à courir, à se faire valoir chez les

85 **paver** couvrir de pierres (pflastern) — 86 **le gérofle** (vx) girofle (Nelke) — **la cannelle** Zimt — 99 **l'hospice** (m) ici: «hôtel» — 102 **la maîtresse** ici: la bien-aimée — 108 **se faire valoir** se faire admirer.

siens, à faire parade de ce qu'on a vu dans ses voyages, que les deux heureux résolurent de ne plus l'être, et de demander leur congé à Sa Majesté.

«Vous faites une sottise, leur dit le roi; je sais bien que mon pays est peu de chose; mais, quand on est passablement quelque part, il faut y rester. Je n'ai pas assurément le droit de retenir des étrangers; c'est une tyrannie qui n'est ni dans nos mœurs ni dans nos lois: tous les hommes sont libres; partez quand vous voudrez, mais la sortie est bien difficile. Il est impossible de remonter la rivière rapide sur laquelle vous êtes arrivés par miracle, et qui court sous des voûtes de rochers. Les montagnes qui entourent tout mon royaume ont dix mille pieds de hauteur, et sont droites comme des murailles: elles occupent chacune en largeur un espace de plus de dix lieues; on ne peut en descendre que par des précipices. Cependant, puisque vous voulez absolument partir, je vais donner ordre aux intendants des machines d'en faire une qui puisse vous transporter commodément. Quand on vous aura conduits au revers des montagnes, personne ne pourra vous accompagner: car mes sujets ont fait vœu de ne jamais sortir de leur enceinte, et ils sont trop sages pour rompre leur vœu. Demandez-moi d'ailleurs tout ce qu'il vous plaira. — Nous ne demandons à Votre Majesté, dit Cacambo, que quelques moutons chargés de vivres, de cailloux, et de la boue du pays.» Le roi rit: «Je ne conçois pas, dit-il, quel goût vos gens d'Europe ont pour notre boue jaune; mais emportez-en tant que vous voudrez, et grand bien vous fasse.»

Il donna l'ordre sur-le-champ à ses ingénieurs de faire une machine pour guinder ces deux hommes extraordinaires hors du royaume. Trois mille bons physiciens y travaillèrent; elle fut prête au bout de quinze jours, et ne coûta pas plus de vingt millions de livres sterling, monnaie du pays. On mit sur la machine Candide et Cacambo; il y avait deux grands moutons rouges sellés et bridés pour leur servir de monture quand ils auraient franchi les montagnes, vingt moutons de bât chargés de vivres, trente qui portaient des présents de ce que le pays a de plus curieux, et cinquante chargés d'or, de pierreries et de diamants. Le roi embrassa tendrement les deux vagabonds.

Ce fut un beau spectacle que leur départ, et la manière ingénieuse dont ils furent hissés, eux et leurs moutons, au haut des montagnes. Les physiciens prirent congé d'eux après les avoir mis en sûreté, et Candide n'eut plus d'autre désir et d'autre objet que d'aller présenter ses moutons à mademoiselle Cunégonde. «Nous avons, dit-il, de quoi payer le gouverneur de Buenos-Ayres, si mademoiselle Cunégonde peut être mise à prix. Marchons vers la Cayenne, embarquons-nous, et nous verrons ensuite quel royaume nous pourrons acheter.»

109 **faire parade de** montrer avec fierté — 111 **la sottise** bêtise — 121 **l'intendant** (m) inspecteur du roi — 123 **faire vœu de** promettre solennellement — 131 **guinder** ici: hisser, élever — 135 **brider** zäumen — 136 **de bât** de transport.

I. Analyse du texte

1. La confrontation de deux systèmes de valeur: celui du Vieux monde et celui du Nouveau monde. Opposez l'un à l'autre tel que les questions de Candide-Cacambo le laissent entendre et tel qu'il ressort dans les réponses du vieillard.
2. Candide et Cacambo devant le roi: par l'intermédiaire de son interprète, Candide fait poser des questions sur la cérémonie à la cour. Ne sent-on pas la présence de Voltaire derrière ces questions et où veut-il en arriver?
3. Relevez les passages qui trahissent l'intérêt du XVIIIe siècle porté aux problèmes économiques, politiques et «technologiques».

II. Le style

1. Notez un passage où l'invraisemblable va jusqu'au fantastique.
2. Quels sont les éléments féeriques dans cette utopie d'une société?

III. La structure

«Ceci est bien différent de la Vestphalie et du château de monsieur le baron: si notre ami Pangloss avait vu Eldorado, il n'aurait plus dit que le château de Thunder-ten-tronckh était ce qu'il y avait de mieux sur la terre . . .» (l. 54)
Dans les chapitres 17 et 18 le point culminant du voyage semble atteint: l'utopie d'un paradis terrestre. Dessinez un diagramme montrant l'apogée du voyage.

(IV. Textes complémentaires)

1. La religion: La religion de la raison: Toutes les religions ont un même dénominateur commun; Zadig, XII «Le souper» (Nouveaux classiques Larousse II).
2. D'Alembert: Contre le mépris des arts mécaniques. Encyclopédie, Discours préliminaire (Nouveaux classiques Larousse, SLB).

Travaux pratiques

1. «se plaire»
Formez des phrases dans le contexte du 18e chapitre en employant les verbes suivants:

Les deux héros se plaisent à . . .
- se réjouissent de . . .
- se délectent de . . .
- s'amusent à . . .
- se distraient en (+ Gérondif) . . .
- se divertissent (en + G.) . . .
- sont ravis de . . .
- s'extasient devant . . .
- sont heureux de . . .
- éprouvent du plaisir à . . .
- sont enchantés par . . .
- savourent . . .
- goûtent . . .
- sont fascinés par . . .
- sont attirés par . . .
- jouissent de . . .
- raffolent de . . .

2. *Quelles nuances y a-t-il entre les mots suivants?*

plaisir	folie	contentement
amusement	jouissance	enthousiasme
volupté	distraction	attrait
satisfaction		ravissement
bonheur		fascination
joie		appas
douceurs		agrément
délices		extase

Employez les catégories suivantes:
superficiel — profond — intense — intégral — extrême — sensuel — agréable — intérieur

CHAPITRE DIX-NEUVIÈME.

CE QUI LEUR ARRIVA A SURINAM, ET COMMENT CANDIDE FIT CONNAISSANCE AVEC MARTIN.

La première journée de nos deux voyageurs fut assez agréable. Ils étaient encouragés par l'idée de se voir possesseurs de plus de trésors que l'Asie, l'Europe et l'Afrique n'en pouvaient rassembler. Candide, transporté, écrivit le nom de Cunégonde sur les arbres. A la seconde journée, deux de leurs moutons s'enfoncèrent dans des marais, et y furent abîmés avec leurs charges; deux autres moutons moururent de fatigue quelques jours après; sept ou huit périrent ensuite de faim dans un désert; d'autres tombèrent au bout de quelques jours dans des précipices. Enfin, après cent jours de marche, il ne leur resta que deux moutons. Candide dit à Cacambo: «Mon ami, vous voyez comme les richesses de ce monde sont périssables; il n'y a rien de solide que la vertu et le bonheur de revoir mademoiselle Cunégonde. — Je l'avoue, dit Cacambo; mais il nous reste encore deux moutons avec plus de trésors que n'en aura jamais le roi d'Espagne; et je vois de loin une ville que je soupçonne être Surinam, appartenante aux Hollandais. Nous sommes au bout de nos peines et au commencement de notre félicité.»

En approchant de la ville, ils rencontrèrent un nègre étendu par terre, n'ayant plus que la moitié de son habit, c'est-à-dire d'un caleçon de toile bleue; il manquait à ce pauvre homme la jambe gauche et la main droite. «Eh! mon Dieu! lui dit Candide en hollandais, que fais-tu là, mon ami, dans l'état horrible où je te vois? — J'attends mon maître, M. Vanderdendur, le fameux négociant, répondit le nègre. — Est-ce M. Vanderdendur, dit Candide, qui t'a traité ainsi? — Oui, monsieur, dit le nègre, c'est l'usage. On nous donne un caleçon de toile pour tout vêtement deux fois l'année. Quand nous travaillons aux sucreries, et que la meule nous attrape le doigt, on nous coupe la main; quand nous voulons nous enfuir, on nous coupe la jambe: je me suis trouvé dans les deux cas. C'est à ce prix que vous mangez du sucre en Europe. Cependant, lorsque ma mère me vendit dix écus patagons sur la côte de Guinée, elle me disait: «Mon cher enfant, bénis nos fétiches, adore-les toujours, ils te feront vivre heureux; tu as l'honneur d'être esclave de nos seigneurs les blancs, et tu fais par là la fortune de ton père et de ta mère.»

[2] **Surinam** capitale de la Guyane hollandaise (auj. Paramaribo) — [6] **transporté,e** plein de joie — [8] **le marais** eau stagnante partiellement envahie par la végétation — **abîmer** ici: engloutir — [18] **la félicité** bonheur — [20] **le caleçon** sous-vêtement masculin — [27] **la meule** cylindre plat et massif servant à moudre (Mühlstein) — [30] **l'écu patagon** ancienne monnaie espagnole — [31] **le fétiche** objet matériel adoré par les primitifs; à la ligne [36]: prêtre.

Hélas! je ne sais pas si j'ai fait leur fortune, mais ils n'ont pas fait la mienne. Les chiens, les singes et les perroquets sont mille fois moins malheureux que nous; les fétiches hollandais qui m'ont converti me disent tous les dimanches que nous sommes tous enfants d'Adam, blancs et noirs. Je ne suis pas généalogiste; mais si ces prêcheurs disent vrai, nous sommes tous cousins issus de germain. Or vous m'avouerez qu'on ne peut pas en user avec ses parents d'une manière plus horrible.

— O Pangloss! s'écria Candide, tu n'avais pas deviné cette abomination; c'en est fait, il faudra qu'à la fin je renonce à ton optimisme. — Qu'est-ce qu'optimisme? disait Cacambo. — Hélas! dit Candide, c'est la rage de soutenir que tout est bien quand on est mal»; et il versait des larmes en regardant son nègre; et en pleurant, il entra dans Surinam.

La première chose dont ils s'informent, c'est s'il n'y a point au port quelque vaisseau qu'on pût envoyer à Buenos-Ayres. Celui à qui ils s'adressèrent était justement un patron espagnol qui s'offrit à faire avec eux un marché honnête. Il leur donna rendez-vous dans un cabaret. Candide et le fidèle Cacambo allèrent l'y attendre avec leurs deux moutons.

Candide, qui avait le cœur sur les lèvres, conta à l'Espagnol toutes ses aventures, et lui avoua qu'il voulait enlever mademoiselle Cunégonde. «Je me garderai bien de vous passer à Buenos-Ayres, dit le patron; je serais pendu, et vous aussi; la belle Cunégonde est la maîtresse favorite de monseigneur.» Ce fut un coup de foudre pour Candide, il pleura longtemps; enfin il tira à part Cacambo. «Voici, mon cher ami, lui dit-il, ce qu'il faut que tu fasses. Nous avons chacun dans nos poches pour cinq ou six millions de diamants; tu es plus habile que moi; va prendre mademoiselle Cunégonde à Buenos-Ayres. Si le gouverneur fait quelque difficulté, donne-lui un million; s'il ne se rend pas, donne-lui-en deux; tu n'as point tué d'inquisiteur, on ne se défiera point de toi. J'équiperai un autre vaisseau, j'irai t'attendre à Venise: c'est un pays libre où l'on n'a rien à craindre ni des Bulgares, ni des Abares, ni des Juifs, ni des inquisiteurs.» Cacambo applaudit à cette sage résolution. Il était au désespoir de se séparer d'un bon maître devenu son ami intime; mais le plaisir de lui être utile l'emporta sur la douleur de le quitter. Ils s'embrassèrent en versant des larmes: Candide lui recommanda de ne point oublier la bonne vieille. Cacambo partit dès le jour même: c'était un très bon homme que ce Cacambo.

Candide resta encore quelque temps à Surinam, et attendit qu'un autre patron voulût le mener en Italie, lui et les deux moutons qui lui restaient. Il

38 **le généalogiste** celui qui dresse des généalogies (Ahnenforscher) — **cousins issus de germain** cousins au cinquième ou au sixième degré — 41 **l'abomination** (f) ce qui inspire de l'horreur — 51 **avoir le cœur sur les lèvres** être très franc — 55 **le coup de foudre** ici: choc — 60 **se défier de qn** être en garde contre (se méfier de) — 65 **l'emporter sur** triompher.

prit des domestiques, et acheta tout ce qui lui était nécessaire pour un long voyage; enfin monsieur Vanderdendur, maître d'un gros vaisseau, vint se présenter à lui. «Combien voulez-vous, demanda-t-il à cet homme, pour me mener en droiture à Venise, moi, mes gens, mon bagage, et les deux moutons que voilà?» Le patron s'accorda à dix mille piastres; Candide n'hésita pas. «Oh! oh! dit à part soi le prudent Vanderdendur, cet étranger donne dix mille piastres tout d'un coup! il faut qu'il soit bien riche.» Puis, revenant un moment après, il signifia qu'il ne pouvait partir à moins de vingt mille. «Eh! bien vous les aurez, dit Candide.

— Ouais, se dit tout bas le marchand, cet homme donne vingt mille piastres aussi aisément que dix mille.» Il revint encore, et dit qu'il ne pouvait le conduire à Venise à moins de trente mille piastres. «Vous en aurez donc trente mille, répondit Candide.

— Oh! oh! se dit encore le marchand hollandais, trente mille piastres ne coûtent rien à cet homme-ci; sans doute les deux moutons portent des trésors immenses: n'insistons pas davantage; faisons-nous d'abord payer les trente mille piastres, et puis nous verrons.» Candide vendit deux petits diamants, dont le moindre valait plus que tout l'argent que demandait le patron. Il le paya d'avance. Les deux moutons furent embarqués. Candide suivait dans un petit bateau pour joindre le vaisseau à la rade; le patron prend son temps, met à la voile, démarre; le vent le favorise. Candide, éperdu et stupéfait, le perd bientôt de vue. «Hélas! cria-t-il, voilà un tour digne de l'ancien monde.» Il retourne au rivage, abîmé dans la douleur: car enfin il avait perdu de quoi faire la fortune de vingt monarques.

Il se transporte chez le juge hollandais; et, comme il était un peu troublé, il frappe rudement à la porte; il entre, expose son aventure, et crie un peu plus haut qu'il ne convenait. Le juge commença par lui faire payer dix mille piastres pour le bruit qu'il avait fait; ensuite il l'écouta patiemment, lui promit d'examiner son affaire sitôt que le marchand serait revenu, et se fit payer dix mille autres piastres pour les frais de l'audience.

Ce procédé acheva de désespérer Candide; il avait à la vérité essuyé des malheurs mille fois plus douloureux; mais le sang-froid du juge, et celui du patron dont il était volé, alluma sa bile, et le plongea dans une noire mélancolie. La méchanceté des hommes se présentait à son esprit dans toute sa laideur, il ne se nourrissait que d'idées tristes. Enfin un vaisseau français étant sur le point de partir pour Bordeaux, comme il n'avait plus de moutons chargés de diamants à embarquer, il loua une chambre du vaisseau à juste prix, et fit signifier dans la ville qu'il payerait le passage, la nourriture, et donnerait

[73] **en droiture** directement — [74] **la piastre** monnaie espagnole — [89] **prendre son temps** ici: saisir l'occasion — [92] **abîmé,e dans la douleur** complètement déprimé, désespéré — [102] **allumer la bile** mettre en colère.

deux mille piastres à un honnête homme qui voudrait faire le voyage avec lui, à condition que cet homme serait le plus dégoûté de son état et le plus malheureux de la province.

Il se présenta une foule de prétendants qu'une flotte n'aurait pu contenir. Candide voulant choisir entre les plus apparents, il distingua une vingtaine de personnes qui lui paraissaient assez sociables, et qui toutes prétendaient mériter la préférence. Il les assembla dans son cabaret, et leur donna à souper, à condition que chacun ferait serment de raconter fidèlement son histoire, promettant de choisir celui qui lui paraîtrait le plus à plaindre et le plus mécontent de son état, à plus juste titre, et de donner aux autres quelques gratifications.

La séance dura jusqu'à quatre heures du matin. Candide, en écoutant toutes leurs aventures, se ressouvenait de ce que lui avait dit la vieille en allant à Buenos-Ayres, et de la gageure qu'elle avait faite, qu'il n'y avait personne sur le vaisseau à qui il ne fût arrivé de très grands malheurs. Il songeait à Pangloss à chaque aventure qu'on lui contait. «Ce Pangloss, disait il, serait bien embarrassé à démontrer son système. Je voudrais qu'il fût ici. Certainement si tout va bien, c'est dans Eldorado, et non pas dans le reste de la terre.» Enfin il se détermina en faveur d'un pauvre savant qui avait travaillé dix ans pour les libraires à Amsterdam. Il jugea qu'il n'y avait point de métier au monde dont on dût être plus dégoûté.

Ce savant, qui était d'ailleurs un bon homme, avait été volé par sa femme, battu par son fils, et abandonné de sa fille, qui s'était fait enlever par un Portugais. Il venait d'être privé d'un petit emploi duquel il subsistait; et les prédicants de Surinam le persécutaient parce qu'ils le prenaient pour un socinien. Il faut avouer que les autres étaient pour le moins aussi malheureux que lui; mais Candide espérait que le savant le désennuierait dans le voyage. Tous ses autres rivaux trouvèrent que Candide leur faisait une grande injustice; mais il les apaisa en leur donnant à chacun cent piastres.

111 **le prétendant** candidat — 112 **apparent,e** de haut rang — 115 **faire** (prêter) **serment** jurer — 118 **la gratification** prime — 121 **la gageure** [gaʒyr] pari (Wette) — 124 **embarrassé,e** ici: en difficulté — 132 **le prédicant** ministre du culte protestant — **persécuter qn** poursuivre — 133 **le socinien** disciple de Socin, réformateur du XVIe siècle qui niait l'existence de la Trinité et la divinité du Christ. Voltaire et les déistes considéraient bien cette doctrine. — 134 **désennuyer qn** distraire.

I. Analyse du texte

1. Comparez le récit de l'esclave de Surinam à l'article sur l'esclavage (v. Annexe, p. 86) de l'Essai sur les mœurs. Le nègre exagère-t-il?
2. Candide révolté contre le traitement inhumain des nègres, met ouvertement en cause l'enseignement de son ancien maître. Comment le ton a-t-il changé?
3. Montrez que le héros commence à prendre des initiatives.
4. Résumez les instances de méchanceté qui relient ce chapitre aux récits des malheurs dans les chapitres précédents.
5. Quel est le sens du tri de l'homme le plus malheureux?

II. Le style

1. Relevez tous les éléments de comique dans le 19ᵉ chapitre.
2. Classez les différentes sortes de comique selon qu'il s'agit de comique de situation, de gestes et de mots.

III. Structure du chapitre

1. Citez les éléments qui rattachent ce chapitre aux thèmes des chapitres précédents.
2. Transposez en diagramme le développement à l'intérieur du 19ᵉ chapitre.

Travaux pratiques

1. Centre d'intérêt
   Relevez toutes les expressions relatives à la mer et à la navigation.
2. *Expliquez:*
   - *Il se présenta* une foule de prétendants . . .
     (Martin) . . . avait été volé *par* sa femme, battu *par* son fils, et abandonné *de* sa fille . . .
   - Il n'y avait point de métier au monde dont on *dût* être plus dégoûté.
   - Monsieur V. *vint se présenter* à lui. Il *venait* d'être privé . . .
   - Candide attendit qu'un autre patron *voulût* le mener en Italie.
   - Qu'est-ce *qu'*optimisme?
   - C'était un très bon homme *que* ce Cacambo.
   - *C'en est fait.*
   - Candide lui *avoua* qu'il *voulait* enlever mademoiselle Cunégonde.
   - Il versait des larmes *en regardant* son nègre,et *en pleurant* il entra dans Surinam.
3. *Mettez la préposition qui convient:*
   - Ils prétendaient . . . mériter la préférence.
   - Voilà un tour digne . . . l'ancien monde.
   - A la fin je renonce . . . ton optimisme.
   - Cacambo applaudit . . . cette sage résolution.
   - Le marchand flattait . . . Candide.
4. Le vocabulaire de la tristesse
   Recueillez les expressions qui dénotent l'affliction, le choc, l'horreur, etc.

CHAPITRE VINGTIÈME.

CE QUI ARRIVA SUR MER A CANDIDE ET A MARTIN.

Le vieux savant, qui s'appelait Martin, s'embarqua donc pour Bordeaux avec Candide. L'un et l'autre avaient beaucoup vu et beaucoup souffert; et quand le vaisseau aurait dû faire voile de Surinam au Japon par le cap de Bonne-Espérance, ils auraient eu de quoi s'entretenir du mal moral et du mal physique pendant tout le voyage.

Cependant Candide avait un grand avantage sur Martin, c'est qu'il espérait toujours revoir mademoiselle Cunégonde, et que Martin n'avait rien à espérer; de plus il avait de l'or et des diamants; et quoiqu'il eût perdu cent gros moutons rouges chargés des plus grands trésors de la terre, quoiqu'il eût toujours sur le cœur la friponnerie du patron hollandais, cependant, quand il songeait à ce qui lui restait dans ses poches, et quand il parlait de Cunégonde, surtout à la fin du repas, il penchait alors pour le système de Pangloss.

«Mais vous, monsieur Martin, dit-il au savant, que pensez-vous de tout cela? Quelle est votre idée sur le mal moral et le mal physique? — Monsieur, répondit Martin, mes prêtres m'ont accusé d'être socinien; mais la vérité du fait est que je suis manichéen. — Vous vous moquez de moi, dit Candide; il n'y a plus de manichéens dans le monde. — Il y a moi, dit Martin; je ne sais qu'y faire, mais je ne peux penser autrement. — Il faut que vous ayez le diable au corps, dit Candide. — Il se mêle si fort des affaires de ce monde, dit Martin, qu'il pourrait bien être dans mon corps, comme partout ailleurs; mais je vous avoue qu'en jetant la vue sur ce globe, ou plutôt sur ce globule, je pense que Dieu l'a abandonné à quelque être malfaisant; j'en excepte toujours Eldorado. Je n'ai guère vu de ville qui ne désirât la ruine de la ville voisine, point de famille qui ne voulût exterminer quelque autre famille. Partout les faibles ont en exécration les puissants devant lesquels ils rampent, et les puissants les traitent comme des troupeaux dont on vend la laine et la chair. Un million d'assassins enrégimentés, courant d'un bout de l'Europe à l'autre, exerce le meurtre et le brigandage avec discipline pour gagner son pain, parce qu'il n'a pas de métier plus honnête; et dans les villes qui paraissent jouir de la paix, et où les arts fleurissent, les hommes sont dévorés de plus d'envie, de soins et

[6] **le mal moral** le mal qui vient de l'homme (crimes, bêtises, intolérance) — **le mal physique** le mal qui est dû à l'imperfection du monde (catastrophes, épidémies, etc.) — [12] **la friponnerie** (littér.) tromperie — [14] **pencher pour** être en faveur de — [18] **le manichéen [-keɛ̃]** disciple de Manès (ou Manichée), IIIe siècle, qui, pour expliquer le bien et le mal, attribue la création à deux principes: l'un essentiellement bon (= Dieu), l'autre essentiellement mauvais (= le diable) — [23] **le globule** petit globe (= la terre) — [26] **exterminer** faire périr jusqu'au dernier — [27] **avoir en exécration** détester — **ramper** avancer à plat ventre — [29] **enrégimenter** incorporer dans un régiment — [30] **le brigandage** vol ou pillage commis avec violence — [32] **les soins** (m) ici: soucis.

d'inquiétudes qu'une ville assiégée n'éprouve de fléaux. Les chagrins secrets sont encore plus cruels que les misères publiques. En un mot, j'en ai tant vu et tant éprouvé que je suis manichéen.

— Il y a pourtant du bon, répliquait Candide. — Cela peut être, disait Martin; mais je ne le connais pas.»

Au milieu de cette dispute, on entendit un bruit de canon. Le bruit redouble de moment en moment. Chacun prend sa lunette. On aperçoit deux vaisseaux qui combattaient à la distance d'environ trois milles: le vent les amena l'un et l'autre si près du vaisseau français qu'on eut le plaisir de voir le combat tout à son aise. Enfin l'un des deux vaisseaux lâcha à l'autre une bordée si bas et si juste, qu'il le coula à fond. Candide et Martin aperçurent distinctement une centaine d'hommes sur le tillac du vaisseau qui s'enfonçait; ils levaient tous les mains au ciel, et jetaient des clameurs effroyables: en un moment tout fut englouti.

«Eh bien! dit Martin, voilà comme les hommes se traitent les uns les autres. — Il est vrai, dit Candide, qu'il y a quelque chose de diabolique dans cette affaire.» En parlant ainsi, il aperçut je ne sais quoi d'un rouge éclatant, qui nageait auprès de son vaisseau. On détacha la chaloupe pour voir ce que ce pouvait être : c'était un de ses moutons. Candide eut plus de joie de retrouver ce mouton qu'il n'avait été affligé d'en perdre cent tous chargés de gros diamants d'Eldorado.

Le capitaine français aperçut bientôt que le capitaine du vaisseau submergeant était espagnol, et que celui du vaisseau submergé était un pirate hollandais; c'était celui-là même qui avait volé Candide. Les richesses immenses dont ce scélérat s'était emparé furent ensevelies avec lui dans la mer, et il n'y eut qu'un mouton de sauvé. «Vous voyez, dit Candide à Martin, que le crime est puni quelquefois; ce coquin de patron hollandais a eu le sort qu'il méritait. — Oui, dit Martin; mais fallait-il que les passagers qui étaient sur son vaisseau périssent aussi? Dieu a puni ce fripon, le diable a noyé les autres.»

Cependant le vaisseau français et l'espagnol continuèrent leur route, et Candide continua ses conversations avec Martin. Ils disputèrent quinze jours de suite, et au bout de quinze jours ils étaient aussi avancés que le premier. Mais enfin ils parlaient, ils se communiquaient des idées, ils se consolaient. Candide caressait son mouton. «Puisque je t'ai retrouvé, dit-il, je pourrai bien retrouver Cunégonde.»

[33] **assiéger** belagern — **éprouver** souffrir — [38] **redoubler** devenir plus fort — [39] **la lunette** verre qui permet de voir loin — [42] **lâcher une bordée** tirer une salve de l'artillerie de bord — [45] **la clameur** cri très fort et continu — [50] **la chaloupe** petit bâteau (de sauvetage) — [52] **être affligé,e** être très triste — [55] **submerger** faire disparaître dans l'eau — [57] **le scélérat** [selera] malfaiteur — **ensevelir** mettre au tombeau — [61] **le fripon** cf. scélérat.

Compte rendu de lecture

1. Résumez les idées du manichéen Martin sur le mal moral et le mal physique.
2. Pourquoi est-ce «surtout à la fin du repas» que Candide pensait à Cunégonde et qu'il penchait «pour le système de Pangloss»? Citez aussi quelques exemples de ces souvenirs.
3. Pour quelle raison la bataille navale ne cadre-t-elle pas bien avec la philosophie optimiste?
4. Indiquez comment sont réparties discussions et actions dans ce chapitre. Quel rythme Voltaire suit-il dans la narration des deux épisodes?
5. Sur quel aspect de la conversation Voltaire semble-t-il insister?

CHAPITRE VINGT-UNIÈME.

CANDIDE ET MARTIN APPROCHENT DES COTES DE FRANCE, ET RAISONNENT.

On aperçut enfin les côtes de France. «Avez-vous jamais été en France, monsieur Martin? dit Candide. — Oui, dit Martin, j'ai parcouru plusieurs provinces. Il y en a où la moitié des habitants est folle, quelques-unes où l'on est trop rusé, d'autres où l'on est communément assez doux et assez bête, d'autres où l'on fait le bel esprit; et, dans toutes, la principale occupation est l'amour; la seconde, de médire; et la troisième, de dire des sottises. — Mais, monsieur Martin, avez-vous vu Paris? — Oui, j'ai vu Paris; il tient de toutes ces espèces-là; c'est un chaos, c'est une presse dans laquelle tout le monde cherche le plaisir, et où presque personne ne le trouve, du moins à ce qu'il m'a paru. J'y ai séjourné peu; j'y fus volé, en arrivant, de tout ce que j'avais, par des filous, à la foire St. Germain; on me prit moi-même pour un voleur, et je fus huit jours en prison; après quoi je me fis correcteur d'imprimerie pour gagner de quoi retourner à pied en Hollande. Je connus la canaille écrivante, la canaille cabalante, et la canaille convulsionnaire. On dit qu'il y a des gens fort polis dans cette ville-là : je le veux croire.

— Pour moi, je n'ai nulle curiosité de voir la France, dit Candide; vous devinez aisément que quand on a passé un mois dans Eldorado, on ne se soucie plus de rien voir sur la terre que mademoiselle Cunégonde : je vais l'attendre à

[6] **rusé** malin (schlau) — **communément** généralement — [8] **médire** dire du mal des autres — [10] **la presse** grande foule qui se presse — [13] **la foire St.-Germain** ancienne foire de Paris (auj.: le marché Saint Germain) — [16] **convulsionnaire** référence aux Jansénistes qui s'étaient livrés à des convulsions dans un cimetière de Paris.

Venise; nous traverserons la France pour aller en Italie; ne m'accompagnerez-vous pas? — Très volontiers, dit Martin; on dit que Venise n'est bonne que pour les nobles vénitiens, mais que cependant on y reçoit très bien les étrangers quand ils ont beaucoup d'argent : je n'en ai point, vous en avez, je vous suivrai partout. — A propos, dit Candide, pensez-vous que la terre ait été originairement une mer, comme on l'assure dans ce gros livre qui appartient au capitaine du vaisseau? — Je n'en crois rien du tout, dit Martin, non plus que toutes les rêveries qu'on nous débite depuis quelque temps. — Mais à quelle fin ce monde a-t-il donc été formé? dit Candide. — Pour nous faire enrager, répondit Martin. — N'êtes-vous pas bien étonné, continua Candide, de l'amour que ces deux filles du pays des Oreillons avaient pour ces deux singes, et dont je vous ai conté l'aventure? — Point du tout, dit Martin; je ne vois pas ce que cette passion a d'étrange : j'ai tant vu de choses extraordinaires qu'il n'y a plus rien d'extraordinaire. — Croyez-vous, dit Candide, que les hommes se soient toujours mutuellement massacrés comme ils font aujourd'hui? qu'ils aient toujours été menteurs, fourbes, perfides, ingrats, brigands, faibles, volages, lâches, envieux, gourmands, ivrognes, avares, ambitieux, sanguinaires, calomniateurs, débauchés, fanatiques, hypocrites et sots? — Croyez-vous, dit Martin, que les éperviers aient toujours mangé des pigeons quand ils en ont trouvé? — Oui, sans doute, dit Candide. — Eh bien! dit Martin, si les éperviers ont toujours eu le même caractère, pourquoi voulez-vous que les hommes aient changé le leur? — Oh! dit Candide, il y a bien de la différence, car le libre arbitre...» En raisonnant ainsi, ils arrivèrent à Bordeaux.

I. Compte rendu de lecture

Faites un exposé sur les points suivants du 21e chapitre:
1. L'opinion de Martin sur la France et les Français.
2. Son avis sur Paris et les Parisiens en particulier.
3. Les projets de Candide.
4. Le raisonnement sur le sens de ce monde.
5. La vue de Candide et de Martin sur les hommes.

[26] **ce gros livre** allusion à un ouvrage de cosmogonie qui, analogue au récit de la Bible (Genèse) soutenait qu'à l'origine du monde, la mer recouvrait toute la surface du globe. Voltaire ironise sur ces théories. — [28] **débiter** dire des choses incertaines — [36] **fourbe** qui trompe — **perfide** qui manque à sa parole — [37] **volage** frivole, léger — **gourmand,e** qui mange par plaisir — **sanguinaire** [-gin-] qui se plaît à tuer — [38] **calomniateur, -trice** qui attaque l'honneur de qn par des mensonges — **débauché,e** qui fait des excès dans la jouissance des plaisirs sensuels — **hypocrite** qui exprime des sentiments qu'il n'a pas — **sot, sotte** bête, stupide — [39] **l'épervier** (m) Sperber — [42] **le libre arbitre** Dans la philosophie de Wolff, l'homme seul, à l'opposé des animaux, avait le libre arbitre (volonté libre).

II. Analyse du texte

1. Quel est le sens de l'énumération des défauts qui, selon Candide, caractérisent l'homme?
2. «Car le libre arbitre . . .»: Pourquoi le chapitre se termine-t-il par cette réminiscence de la philosophie de Wolff et pourquoi Voltaire coupe-t-il la parole à son héros?
3. Relevez quelques passages satiriques du texte.

(III. Prolongement)

Lisez une des «Lettres persanes» de Montesquieu et comparez la satire dans le tableau de la France à celle du chapitre 19 de «Candide».

CHAPITRE VINGT-DEUXIÈME.

CE QUI ARRIVA EN FRANCE A CANDIDE ET A MARTIN.

***Résumé:** Après un bref séjour à Bordeaux, Candide et Martin arrivent à Paris. Le héros se fait voler l'or et des diamants par une société avide de plaisirs et d'argent. On leur tend toutes sortes de pièges et on finit par les arrêter. Moyennant une somme d'argent considérable Candide et Martin arrivent à se libérer et s'embarquent pour Portsmouth en Angleterre.*

CHAPITRE VINGT-TROISIÈME.

CANDIDE ET MARTIN VONT SUR LES COTES D'ANGLETERRE; CE QU'ILS Y VOIENT.

«Ah! Pangloss! Pangloss! Ah! Martin! Martin! Ah! ma chère Cunégonde! qu'est ce que ce monde-ci? disait Candide sur le vaisseau hollandais. — Quelque chose de bien fou et de bien abominable, répondait Martin. — Vous connaissez l'Angleterre; y est-on aussi fou qu'en France? — C'est une autre espèce de folie, dit Martin. Vous savez que ces deux nations sont en guerre pour quelques arpents de neige vers le Canada, et qu'elles dépensent pour cette belle guerre beaucoup plus que tout le Canada ne vaut. De vous dire précisément s'il y a plus de gens à lier dans un pays que dans un autre, c'est ce

[8] **l'arpent** (m) ancienne mesure correspondant à environ 42 ares — **le Canada** allusion à des querelles frontalières entre les colonies françaises et les colonies anglaises — [10] **à lier** = fou à lier, complètement fou.

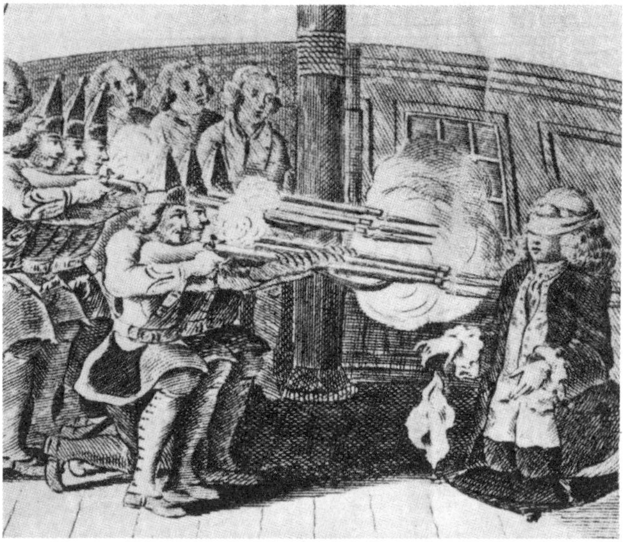

que mes faibles lumières ne me permettent pas; je sais seulement qu'en général les gens que nous allons voir sont fort atrabilaires.»

En causant ainsi ils abordèrent à Portsmouth; une multitude de peuple couvrait le rivage, et regardait attentivement un assez gros homme qui était à genoux, les yeux bandés, sur le tillac d'un des vaisseaux de la flotte; quatre soldats, postés vis-à-vis de cet homme, lui tirèrent chacun trois balles dans le crâne, le plus paisiblement du monde; et toute l'assemblée s'en retourna extrêmement satisfaite. «Qu'est-ce donc que tout ceci? dit Candide; et quel démon exerce partout son empire?» Il demanda qui était ce gros homme qu'on venait de tuer en cérémonie. «C'est un amiral, lui répondit-on. — Et pourquoi tuer cet amiral? — C'est, lui dit-on, parce qu'il n'a pas fait tuer assez de monde; il a livré un combat à un amiral français, et on a trouvé qu'il n'était pas assez près de lui. — Mais, dit Candide, l'amiral français était aussi loin de l'amiral anglais que celui-ci l'était de l'autre! — Cela est incontestable, lui répliqua-t-on; mais dans ce pays-ci il est bon de tuer de temps en temps un amiral pour encourager les autres.»

Candide fut si étourdi et si choqué de ce qu'il voyait et de ce qu'il entendait qu'il ne voulut pas seulement mettre pied à terre, et qu'il fit son marché avec le patron hollandais (dût-il le voler comme celui de Surinam) pour le conduire sans délai à Venise.

Le patron fut prêt au bout de deux jours. On côtoya la France; on passa à la vue de Lisbonne, et Candide frémit. On entra dans le détroit et dans la Méditerranée; enfin on aborda à Venise. «Dieu soit loué! dit Candide, en

12 **atrabilaire** pessimiste et irritable — 19 **l'empire** (m) ici: pouvoir — 28 **pas seulement** même pas — 30 **sans délai** immédiatement — 32 **le détroit** passage étroit de la mer (Meerenge).

embrassant Martin; c'est ici que je reverrai la belle Cunégonde. Je compte sur Cacambo comme sur moi-même. Tout est bien, tout va bien, tout va le mieux qu'il soit possible.»

Compte rendu de lecture

1. Reprenez l'exécution de l'amiral anglais, événement qui a eu lieu en 1757. (L'amiral John Byng fut vaincu en 1757 et fut exécuté pour trahison.)
2. De quelle façon Voltaire tourne-t-il en ridicule le comportement des Anglais?
3. Faites un dessin qui montre grosso modo l'itinéraire du héros jusqu'à Venise.
4. Relevez les éléments de satire dans ce chapitre.

CHAPITRE VINGT-QUATRIÈME.

DE PAQUETTE, ET DE FRÈRE GIROFLÉE.

Résumé: *Arrivé à Venise, Candide compte trouver Cunégonde. Mais en vain la cherche-t-il partout. Il en est tellement affligé qu'il regrette d'être retourné en Europe. Martin ne le console guère mais ne cesse d'insister sur l'absence de vertu et de bonheur dans le monde. Lorsqu'ils rencontrent un couple apparemment heureux, Candide y voit une preuve que le bonheur existe alors que Martin parie sur le malheur des deux. Interrogée, la femme révèle son identité: c'est Paquette, la femme de chambre au château de Thunder-ten-tronckh. Elle raconte ses malheurs, une suite de mauvaises actions qu'on lui a faites. Son cavalier, un moine théatin nommé Giroflée, en fait autant. Alors Candide, pour qui la foi en le bonheur est vitale, s'accroche à l'idée de pouvoir confirmer son optimisme invétéré chez le sénateur Pococuranté, dont le nom même signifie qu'il a peu de chagrin.*

CHAPITRE VINGT-CINQUIÈME.

VISITE CHEZ LE SEIGNEUR POCOCURANTÉ, NOBLE VÉNITIEN.

Résumé: *Candide et Martin se font recevoir dans le palais de Pococuranté. C'est dans un cadre de luxe et d'abondance que vit le sénateur. Propriétaire d'une riche collection de tableaux et d'une précieuse bibliothèque, le sénateur, d'un air désabusé et blasé, passe les œuvres en revue au profit de ses invités. Par sa bouche Voltaire fait la critique d'art et la critique littéraire. Il appartient à Martin d'éclairer Candide sur l'absence de bonheur chez Pococuranté.*

CHAPITRE VINGT-SIXIÈME.

D'UN SOUPER QUE CANDIDE ET MARTIN FIRENT AVEC SIX ÉTRANGERS, ET QUI ILS ÉTAIENT.

Résumé: *Enfin, à Venise Candide et Martin ont une rencontre imprévue d'une grande importance: c'est Cacambo qui réapparaît, esclave d'un souverain détrôné. Il apprend à son ancien maître que Cunégonde est à Constantinople.*

Lors d'un souper Candide et Martin font connaissance de six étrangers, tous des rois détrônés venus a Venise pour y passer le carnaval. C'était Achmet III, un sultan détrôné, Ivan, empereur russe, Charles-Édouard, ex-roi d'Angleterre, puis l'ancien roi des Polonais, Auguste III, enfin Théodore, roi détrôné des Corses. A l'étonnement de tous, Candide offre un diamant au plus pauvre des souverains malheureux. Mais il n'a qu'une seule idée: retrouver Cunégonde le plus rapidement possible.

CHAPITRE VINGT-SEPTIÈME.

VOYAGE DE CANDIDE A CONSTANTINOPLE.

Résumé: *Candide et Martin s'embarquent pour Constantinople avec Cacambo et son maître, le sultan Achmet. Sur le vaisseau, Candide apprend la triste nouvelle que Cunégonde est esclave chez un prince très pauvre et qu'elle est devenue horriblement laide. Le héros est précipité dans une noire mélancolie. Il commence par racheter Cacambo et, avec ses compagnons, il s'embarque dans une galère pour chercher Cunégonde sur le bord de la Propontide. Parmi les galériens Candide en reconnaît deux qui ressemblent à Pangloss et au baron jésuite, frère de Cunégonde. Dans la joie des retrouvailles il les rachète tous deux au patron et ils repartent, aussitôt arrivés au port, dans une autre galère, à la recherche de Cunégonde.*

CHAPITRE VINGT-HUITIÈME.

CE QUI ARRIVA A CANDIDE, A CUNÉGONDE, A PANGLOSS, A MARTIN, ETC.

Résumé: *Pour passer le temps de voyage sur la galère, Voltaire fait raconter au baron et à Pangloss leurs aventures et leurs malheurs. Enlevé par une patrouille espagnole à la suite des événements au Paraguay, le baron a été mis en prison, puis il a été nommé aumônier à Constantinople auprès de l'ambassadeur de France et finalement, à la suite d'un incident insignifiant, condamné aux galères. Pangloss,* *lui, a été sauvé miraculeusement du bûcher grâce à un orage. Il raconte comment il a été mal pendu, disséqué puis sauvé une seconde fois. Après un faux pas il a été condamné à la même galère que le baron.*

A la fin des récits, Candide interroge son ancien maître pour connaître, après tant de malheurs, ses idées sur le bonheur:

«Eh bien! mon cher Pangloss, lui dit Candide, quand vous avez été pendu, disséqué, roué de coups, et que vous avez ramé aux galères, avez-vous toujours pensé que tout allait le mieux du monde? — Je suis toujours de mon premier sentiment, répondit Pangloss; car enfin je suis philosophe: il ne me convient pas de me dédire, Leibniz ne pouvant pas avoir tort, et l'harmonie préétablie étant d'ailleurs la plus belle chose du monde, aussi bien que le plein et la matière subtile.»

CHAPITRE VINGT-NEUVIÈME.

COMMENT CANDIDE RETROUVA CUNÉGONDE ET LA VIEILLE.

Pendant que Candide, le baron, Pangloss, Martin, et Cacambo, contaient leurs aventures, qu'ils raisonnaient sur les événements contingents ou non contingents de cet univers, qu'ils disputaient sur les effets et les causes, sur le mal moral et sur le mal physique, sur la liberté et la nécessité, sur les consolations que l'on peut éprouver lorsqu'on est aux galères en Turquie, ils abordèrent sur le rivage de la Propontide, à la maison du prince de Transylvanie. Les premiers objets qui se présentèrent furent Cunégonde et la vieille, qui étendaient des serviettes sur des ficelles pour les faire sécher.

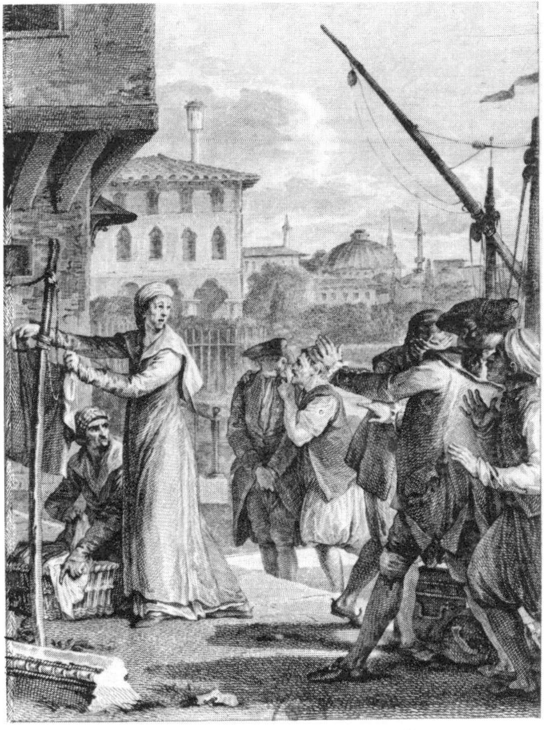

[9] **disséquer (un cadavre)** sezieren — [14] **rouer de coups** battre — [17] **se dédire** ne pas tenir sa parole.
[6] **contingent,e** en logique: soumis au hasard.

Le baron pâlit à cette vue. Le tendre amant Candide, en voyant sa belle Cunégonde rembrunie, les yeux éraillés, la gorge sèche, les joues ridées, les bras rouges et écaillés, recula trois pas, saisi d'horreur, et avança ensuite par bon procédé. Elle embrassa Candide et son frère; on embrassa la vieille: Candide les racheta toutes deux.

Il y avait une petite métairie dans le voisinage; la vieille proposa à Candide de s'en accommoder, en attendant que toute la troupe eût une meilleure destinée. Cunégonde ne savait pas qu'elle était enlaidie, personne ne l'en avait avertie: elle fit souvenir Candide de ses promesses avec un ton si absolu que le bon Candide n'osa pas la refuser. Il signifia donc au baron qu'il allait se marier avec sa sœur. «Je ne souffrirai jamais, dit le baron, une telle bassesse de sa part, et une telle insolence de la vôtre; cette infamie ne me sera jamais reprochée: les enfants de ma sœur ne pourraient entrer dans les chapitres d'Allemagne. Non, jamais ma sœur n'épousera qu'un baron de l'Empire.» Cunégonde se jeta à ses pieds, et les baigna de larmes; il fut inflexible. «Maître fou, lui dit Candide, je t'ai réchappé des galères, j'ai payé ta rançon, j'ai payé celle de ta sœur; elle lavait ici des écuelles, elle est laide, j'ai la bonté d'en faire ma femme, et tu prétends encore t'y opposer! Je te retuerais si j'en croyais ma colère. — Tu peux me tuer encore, dit le baron, mais tu n'épouseras pas ma sœur de mon vivant.»

I. Analyse du texte

1. Citez quelques-uns des thèmes du roman, repris dans l'avant-dernier chapitre sous forme de résumé.
2. Opposez la description de Cunégonde dans ce chapitre à celle du premier chapitre.
3. Montrez par le comportement de Candide que celui-ci a acquis un nouveau sens réaliste.

II. Le style

1. Comment sont parodiées les retrouvailles et la fin heureuse du roman sentimental?
2. Le comportement du baron ne dénote pas que la bêtise pure et simple. Quel est le sens que Voltaire veut lui donner?

[20] **rembruni,e** ici: devenu plus brun; auj.: rembrunir = (se) prendre un air chagrin — (les yeux) **éraillés** injectés de sang — [21] **écaillé,e** dont la peau se détache — [22] **par bon procédé** par politesse — [24] **la métairie** domaine agricole — [25] **s'accommoder de qc** accepter, se contenter — [26] **enlaidir** devenir laid,e — [28] **signifier qc à qn** ici: dire, faire comprendre — [29] **la bassesse** Niedertracht — [30] **l'insolence** (f) arrogance — **l'infamie** (f) déshonneur — [31] **les chapitres** (m) l'ensemble des nobles — [32] **l'Empire** (m) le Saint-Empire romain germanique — [33] **maître fou** absolument fou — [34] **réchapper qn** ici: sauver, délivrer — **la rançon** prix qu'on exige pour délivrer une personne captive — [36] **retuer qn** tuer de nouveau (création de Voltaire) — **si j'en crois ma colère** si je me laisse entraîner par ma c. — [37] **de mon vivant** pendant que je suis en vie.

Travaux pratiques

1. *Expliquez l'emploi des temps:*
Les premiers objets qui se *présentèrent furent* Cunégonde et la vieille, qui *étendaient* des serviettes sur des ficelles.
2. *Le contraire (in-, im-, non-, mal-, ir-, il-?):*

— *légal*	— *violent*	— *supportable*
— *possible*	— *logique*	— *réel*
— *réparable*	— *poli*	— *aligné*

3. *Traduisez:*
— Non, *jamais* ma sœur *n'*épousera *qu'*un baron de l'Empire.
— Je te retuerai *si j'en croyais ma colère.*
— Tu n'épouseras pas ma sœur *de mon vivant.*

CHAPITRE TRENTIÈME.

CONCLUSION.

Candide, dans le fond de son cœur, n'avait aucune envie d'épouser Cunégonde; mais l'impertinence extrême du baron le déterminait à conclure le mariage, et Cunégonde le pressait si vivement qu'il ne pouvait s'en dédire. Il consulta Pangloss, Martin, et le fidèle Cacambo. Pangloss fit un beau mémoire par lequel il prouvait que le baron n'avait nul droit sur sa sœur, et qu'elle pouvait, selon toutes les lois de l'Empire, épouser Candide de la main gauche. Martin conclut à jeter le baron dans la mer; Cacambo décida qu'il fallait le rendre au levanti patron, et le remettre aux galères, après quoi on l'enverrait à Rome au père général par le premier vaisseau. L'avis fut trouvé fort bon; la vieille l'approuva; on n'en dit rien à sa sœur; la chose fut exécutée pour quelque argent, et on eut le plaisir d'attraper un jésuite, et de punir l'orgueil d'un baron allemand.

Il était tout naturel d'imaginer qu'après tant de désastres Candide, marié avec sa maîtresse et vivant avec le philosophe Pangloss, le philosophe Martin, le prudent Cacambo, et la vieille, ayant d'ailleurs rapporté tant de diamants de la patrie des anciens Incas, mènerait la vie du monde la plus agréable; mais il fut tant friponné par les juifs qu'il ne lui resta rien que sa petite métairie; sa

[4] **l'impertinence** (f) arrogance — **conclure** ici: se décider pour — [5] **se dédire de qc** ne pas tenir parole — [6] **le mémoire** exposé destiné à soutenir ou réfuter les prétentions de qn — [7] **nul droit** A l'époque l'aîné avait des droits sur ses frères et sœurs. — [8] **épouser qn de la main gauche** Cette coutume en Allemagne signifiait que l'homme qui donnait la main gauche à la mariée n'engageait pas ses titres et ses biens dans le mariage. — [10] **le levanti patron** commandant des soldats des galères turques — [12] **exécuter** ici: faire — [19] **friponner qn** tromper.

femme, devenant tous les jours plus laide, devint acariâtre et insupportable; la vieille était infirme, et fut encore de plus mauvaise humeur que Cunégonde. Cacambo, qui travaillait au jardin, et qui allait vendre des légumes à Constantinople, était excédé de travail, et maudissait sa destinée. Pangloss était au désespoir de ne pas briller dans quelque université d'Allemagne. Pour Martin, il était fermement persuadé qu'on est également mal partout; il prenait les choses en patience. Candide, Martin, et Pangloss, disputaient quelquefois de métaphysique et de morale. On voyait souvent passer sous les fenêtres de la métairie des bateaux chargés d'effendis, de bachas, de cadis, qu'on envoyait en exil à Lemnos, à Mytilène, à Erzeroum; on voyait venir d'autres cadis, d'autres bachas, d'autres effendis, qui prenaient la place des expulsés, et qui étaient expulsés à leur tour. On voyait des têtes proprement empaillées qu'on allait presenter à la Sublime-Porte. Ces spectacles faisaient redoubler les dissertations; et quand on ne disputait pas, l'ennui était si excessif que la vieille osa un jour leur dire: «Je voudrais savoir lequel est le pire, ou d'être violée cent fois par des pirates nègres, d'avoir une fesse coupée, de passer par les baguettes chez les Bulgares, d'être fouetté et pendu dans un auto-da-fé, d'être disséqué, de ramer en galère, d'éprouver enfin toutes les misères par lesquelles nous avons tous passé, ou bien de rester ici à ne rien faire? — C'est une grande question», dit Candide.

Ce discours fit naître de nouvelles réflexions, et Martin surtout conclut que l'homme était né pour vivre dans les convulsions de l'inquiétude, ou dans la léthargie de l'ennui. Candide n'en convenait pas, mais il n'assurait rien. Pangloss avouait qu'il avait toujours horriblement souffert; mais ayant soutenu une fois que tout allait à merveille, il le soutenait toujours, et n'en croyait rien.

Une chose acheva de confirmer Martin dans ses détestables principes, de faire hésiter plus que jamais Candide, et d'embarrasser Pangloss. C'est qu'ils virent un jour aborder dans leur métairie Paquette et le frère Giroflée, qui étaient dans la plus extrême misère; ils avaient bien vite mangé leurs trois mille piastres, s'étaient quittés, s'étaient raccommodés, s'étaient brouillés, avaient été mis en prison; s'étaient enfuis, et enfin frère Giroflée s'était fait turc. Paquette continuait son métier partout, et n'y gagnait plus rien. «Je l'avais bien prévu, dit Martin à Candide, que vos présents seraient bientôt dissipés et

[20] **acariâtre** d'un caractère désagréable (zänkisch) — [23] **être excédé de** débordé de — [28] **l'effendi** (m) titre d'honneur chez les Turcs — **le bacha** (pacha) gouverneur de province — **le cadi** juge — [29] **Lemnos** île dans la mer Egée — **Mytilène** ancienne capitale de l'île de Lesbos — **Erzeroum** ville en Arménie — [31] **expulser qn** chasser, exiler — [32] **empailler** remplir de paille ou de foin — **la Sublime Porte** portail du vieux palais — [41] **la convulsion** agitation violente — [42] **la léthargie** passivité totale — [47] **embarrasser qn** mettre dans une position difficile — [49] **manger** ici: dépenser — [50] **se raccommoder** se réconcilier — **se brouiller** cesser d'être amis — [53] **dissiper** gaspiller, dépenser follement.

ne les rendraient que plus misérables. Vous avez regorgé de millions de piastres, vous et Cacambo, et vous n'êtes pas plus heureux que frère Giroflée et Paquette. — Ah! ah! dit Pangloss à Paquette, le Ciel vous ramène donc ici parmi nous, ma pauvre enfant! savez-vous bien que vous m'avez coûté le bout du nez, un œil, et une oreille? Comme vous voilà faite! eh! qu'est-ce que ce monde!» Cette nouvelle aventure les engagea à philosopher plus que jamais.

Il y avait dans le voisinage un derviche très fameux qui passait pour le meilleur philosophe de la Turquie; ils allèrent le consulter; Pangloss porta la parole, et lui dit: «Maître, nous venons vous prier de nous dire pourquoi un aussi étrange animal que l'homme a été formé. — De quoi te mêles-tu? lui dit le derviche; est-ce là ton affaire? — Mais, mon révérend père, dit Candide, il y a horriblement de mal sur la terre. — Qu'importe, dit le derviche, qu'il y ait du mal, ou du bien? Quand Sa Hautesse envoie un vaisseau en Égypte, s'embarrasse-t-elle si les souris qui sont dans le vaisseau sont à leur aise ou non? — Que faut-il donc faire? dit Pangloss. — Te taire, dit le derviche. — Je me flattais, dit Pangloss, de raisonner un peu avec vous des effets et de causes, du meilleur des mondes possibles, de l'origine du mal, de la nature de l'âme, et de l'harmonie préétablie.» Le derviche, à ces mots, leur ferma la porte au nez.

Pendant cette conversation, la nouvelle s'était répandue qu'on venait d'étrangler à Constantinople deux vizirs du banc et le muphti, et qu'on avait empalé plusieurs de leurs amis. Cette catastrophe faisait partout un grand bruit pendant quelques heures. Pangloss, Candide, et Martin, en retournant à la petite métairie, rencontrèrent un bon vieillard qui prenait le frais à sa porte sous un berceau d'orangers. Pangloss qui était aussi curieux que raisonneur, lui demanda comment se nommait le muphti qu'on venait d'étrangler. «Je n'en sais rien, répondit le bonhomme; et je n'ai jamais su le nom d'aucun muphti ni d'aucun vizir. J'ignore absolument l'aventure dont vous me parlez; je présume qu'en général ceux qui se mêlent des affaires publiques périssent quelquefois misérablement, et qu'ils le méritent; mais je ne m'informe jamais de ce qu'on fait à Constantinople; je me contente d'y envoyer vendre les fruits du jardin que je cultive.» Ayant dit ces mots, il fit entrer les étrangers dans sa maison; ses deux filles et ses deux fils leur présentèrent plusieurs sortes de sorbets qu'ils faisaient eux-mêmes, du kaïmak piqué d'écorces de cédrat confit, des oranges, des citrons, des limons, des ananas, des pistaches, du café de Moka qui n'était

[54] **regorger de** avoir trop — [60] **le derviche** religieux musulman — **porter la parole** servir de porte-parole, parler pour les autres — [66] **Sa Hautesse** Grand Sultan de Turquie — [67] **s'embarrasser de** se faire des soucis de — [73] **les vizirs du banc** ministre au conseil du sultan — **le muphti** surveillant de la loi religieuse — [74] **empaler** tuer en enfonçant un pal (longue pièce de bois) à travers le corps — [76] **prendre le frais** prendre l'air — [77] **le berceau** ici: tonnelle (Laube) — [80] **présumer** supposer comme probable — [85] **le sorbet** jus de fruits à demi glacé — [86] **le kaïmak** sorbet turc — **piquer** rendre piquant — **le cédrat** sorte de citron — **confit,e** préparé dans du sucre — [87] **le limon** sorte de citron — **la pistache** Pistazie — **Moka** port du Yémen.

point mêlé avec le mauvais café de Batavia et des îles. Après quoi les deux filles de ce bon musulman parfumèrent les barbes de Candide, de Pangloss, et de Martin.

«Vous devez avoir, dit Candide au Turc, une vaste et magnifique terre? — Je n'ai que vingt arpents, répondit le Turc; je les cultive avec mes enfants; le travail éloigne de nous trois grands maux, l'ennui, le vice, et le besoin.»

Candide, en retournant dans sa métairie, fit de profondes réflexions sur le discours du Turc. Il dit à Pangloss et à Martin: «Ce bon vieillard me paraît s'être fait un sort bien préférable à celui des six rois avec qui nous avons eu l'honneur de souper. — Les grandeurs, dit Pangloss, sont fort dangereuses, selon le rapport de tous les philosophes: car enfin Églon, roi des Moabites, fut assassiné par Aod; Absalon fut pendu par les cheveux et percé de trois dards; le roi Nadab, fils de Jéroboam, fut tué par Baasa; le roi Éla, par Zambri; Ochosias, par Jéhu; Athalia, par Joïada; les rois Joachim, Jéchonias, Sédécias, furent esclaves. Vous savez comment périrent Crésus, Astyage, Darius, Denys de Syracuse, Pyrrhus, Persée, Annibal, Jugurtha, Arioviste, César, Pompée, Néron, Othon, Vitellius, Domitien, Richard II d'Angleterre, Édouard II, Henri VI, Richard III, Marie Stuart, Charles Ier, les trois Henri de France, l'empereur Henri IV? Vous savez... — Je sais aussi, dit Candide, qu'il faut cultiver notre jardin. — Vous avez raison, dit Pangloss; car quand l'homme fut mis dans le jardin d'Éden, il y fut mis *ut operaretur eum*, pour qu'il travaillât: ce qui prouve que l'homme n'est pas né pour le repos. — Travaillons sans raisonner, dit Martin; c'est le seul moyen de rendre la vie supportable.»

Toute la petite société entra dans ce louable dessein; chacun se mit à exercer ses talents. La petite terre rapporta beaucoup. Cunégonde était, à la vérité, bien laide; mais elle devint une excellente pâtissière; Paquette broda; la vieille eut soin du linge. Il n'y eut pas jusqu'à frère Giroflée qui ne rendît service; il fut un très bon menuisier, et même devint honnête homme; et Pangloss disait quelquefois à Candide: «Tous les événements sont enchaînés dans le meilleur des mondes possibles: car enfin si vous n'aviez pas été chassé d'un beau château à grands coups de pied dans le derrière pour l'amour de mademoiselle Cunégonde, si vous n'aviez pas été mis à l'Inquisition, si vous n'aviez pas couru l'Amérique à pied, si vous n'aviez pas donné un bon coup d'épée au baron, si vous n'aviez pas perdu tous vos moutons du bon pays d'Eldorado, vous ne mangeriez pas ici des cédrats confits et des pistaches. — Cela est bien dit, répondit Candide, mais il faut cultiver notre jardin.»

[88] **les îles** les Antilles — [93] **les maux** de: le mal — [99] **le dard** Stachel — [105] **les trois Henri de France** Henri III, Henri de Guise et Henri IV — [108] **ut operaretur eum** pour qu'il le travaille (Genèse II,15) — [111] **entrer dans** être d'accord — [113] **broder** orner un tissu (sticken).

I. Analyse du texte

1. L'élimination du baron: que signifie-t-elle pour la vie en groupe de la société en miniature?
2. Quelle est la place de l'épisode de Paquette et de Giroflée dans le contexte du roman?
3. Le derviche et le vieillard: de quelle manière leurs rôles se complètent-ils?
4. Montrez que Candide a appris la leçon que la vie lui a donnée.
5. Comment la petite société évolue-t-elle à partir de l'enseignement du derviche et du vieillard?
6. Pangloss a-t-il un rôle à jouer dans la petite communauté?

II. Le style

1. Par quels moyens Voltaire entend-il élargir la portée du sujet au moment même où l'univers du roman se rétrécit?
2. Comment l'auteur raille-t-il le philosophe de l'optimisme jusqu'à la fin?

III. Structure

1. Montrez la construction du dernier chapitre: comment l'enseignement du derviche et du vieillard domine-t-il le chapitre en en reliant le début et la fin?
2. Dessinez le diagramme qui symbolise l'évolution du roman jusqu'au dernier chapitre.

Travaux pratiques

1. Ce vieillard paraît *s'être fait* un sort préférable à celui des six rois.
   Traduisez cette phrase et formez-en d'autres selon le schéma de l'expression en italique.
2. Tournures
   Cherchez l'équivalent en allemand des tournures suivantes:
   — Cela m'a coûté *les yeux de la tête.*
   — Le philosophe leur *ferma la porte au nez.*
   — Le vieillard *prenait le frais* à la porte.
   — Il *fit de profondes réflexions* sur le discours.
   — Il était *excédé de travail.*
   — Le discours *fit naître* de nouvelles réflexions.
   — Paquette avait *regorgé de* millions de piastres.
3. *Lesquels des mots suivants vont de pair:*

— éloigner	— bénir
— convenir	— lâcher
— regorger	— vendre
— confirmer	— rapprocher
— acheter	— s'opposer
— attraper	— contester
— maudire	— dissiper

4. L'enchaînement des événements à la Pangloss
Si vous n'aviez pas été chassé du château, *vous ne mangeriez pas* ici des pistaches.
Continuez:
— Candide a horriblement souffert — maintenant il est content.
— Il s'est enfui du Paraguay — il a été sauvé.
— Il a rencontré Cacambo — il a trouvé Cunégonde.
— Il a survécu à la bastonnade — il a connu les horreurs de la guerre.
— Il est passé par la Hollande — il a fait connaissance de Jacques.
— Il était avec Pangloss — il a connu l'autodafé.
— Cacambo a fait un discours — ils n'ont pas été rôtis par les sauvages.
— On a éliminé le baron — Candide peut épouser Cunégonde.

Sujets de réflexion

1. Passez en revue les personnages importants de «Candide» et tâchez de déterminer la valeur représentative de chacun d'entre eux.
2. Rappelez-vous la cible du conte philosophique de Voltaire. Quelle stratégie l'auteur emploie-t-il pour réfuter les thèses de l'optimisme?
3. Montrez que la sagesse pratique de «cultiver son jardin» du dernier chapitre ne représente pas un simple constat de médiocrité petit-bourgeoise ni le refus d'un engagement social. Pour ce faire, référez-vous aux textes complémentaires sur «l'engagement de Voltaire» (v. Annexe II, p. 89).
4. Réunissez toutes les valeurs sociales, morales et religieuses telles que Voltaire semble les préconiser au cours de «Candide».
5. Dans «Candide», l'indignation, la pitié et le pathétique en général sont tamisés dans le filtre de l'ironie, du sarcasme et de la parodie. Soutenez cette thèse en vous référant à une série d'exemples.
6. Faites un croquis de l'hémisphère de l'Ouest. Indiquez les stations principales de «Candide» et attribuez-leur le numéro du chapitre respectif. Marquez ensuite les digressions pour constater le rythme dans la composition du conte.
7. Lisez l'article de Voltaire sur «le rire» (v. Annexe II, p. 87). Quelles conclusions pourrait-on tirer quant au rire que provoque souvent l'auteur de «Candide»?
8. Etudiez l'article de Paul Hazard sur «La littérature de l'intelligence» (v. Annexe II, p. 88): Relevez des exemples d'esprit dans «Candide» auxquels s'applique une des définitions de Voltaire. Analysez quelques passages de ce conte à l'appui de ce que dit P. Hazard sur la prose du XVIIIe siècle.
9. * Lisez une autre œuvre de Voltaire (Zadig, Micromégas) pour compléter vos connaissances de cet auteur. Y a-t-il des points communs avec «Candide»? Lesquels? Faites un compte rendu de lecture devant la classe.
10. Etablissez un rapport entre les thèmes de Voltaire et la sensibilité de l'époque où nous vivons. Croyez-vous que notre époque soit prédisposée pour la lecture d'un conte comme «Candide»? Justifiez votre point de vue.

* facultatif

Annexe I: Textes complémentaires

Causes finales

Si une horloge n'est pas faite pour montrer l'heure, j'avouerai alors que les causes finales sont des chimères; et je trouverai fort bon qu'on m'appelle *cause-finalier,* c'est-à-dire un imbécile.

Toutes les pièces de la machine de ce monde semblent pourtant faites l'une pour l'autre. Quelques philosophes affectent de se moquer des causes finales, rejetées par Épicure et par Lucrèce. C'est plutôt, ce me semble, d'Épicure et de Lucrèce qu'il faudrait se moquer. Ils vous disent que l'œil n'est point fait pour voir, mais qu'on s'en est servi pour cet usage quand on s'est aperçu que les yeux y pouvaient servir. Selon eux, la bouche n'est point faite pour parler, pour manger, l'estomac pour digérer, le cœur pour recevoir le sang des veines et l'envoyer dans les artères, les pieds pour marcher, les oreilles pour entendre. Ces gens-là cependant avouaient que les tailleurs leur faisaient des habits pour les vêtir, et les maçons des maisons pour les loger; et ils osaient nier à la nature, au grand Etre, à l'Intelligence universelle, ce qu'ils accordaient tous à leurs moindres ouvriers.

Il ne faut pas sans doute abuser des causes finales. Nous avons remarqué qu'en vain M. le prieur, dans le *Spectacle de la nature,* prétend que les marées sont données à l'Océan pour que les vaisseaux entrent plus aisément dans les ports, et pour empêcher que l'eau de la mer ne se corrompe. En vain dirait-il que les jambes sont faites pour être bottées, et les nez pour porter des lunettes.

Pour qu'on puisse s'assurer de la fin véritable pour laquelle une cause agit, il faut que cet effet soit de tous les temps et de tous les lieux. Il n'y a pas eu de vaisseaux en tous temps et sur toutes les mers; ainsi l'on ne peut dire que l'Océan ait été fait pour les vaisseaux. On sent combien il serait ridicule de prétendre que la nature eût travaillé de tout temps pour s'ajuster aux inventions de nos arts arbitraires, qui tous ont paru si tard; mais il est bien évident que si les nez n'ont pas été faits pour les besicles, ils l'ont été pour l'odorat, et qu'il y a des nez depuis qu'il y a des hommes. De même les mains n'ayant pas été données en faveur des gantiers, elles sont visiblement destinées à tous les usages que le métacarpe et les phalanges de nos doigts, et les mouvements du muscle circulaire du poignet, nous procurent. [. . .]

[3] **la chimère** monstre imaginaire; ici: idées sans rapport avec la réalité — [4] **l'imbécile** (m) idiot — [6] **affecter** simuler — **Épicure** philosophe grec matérialiste; sa doctrine inspire le poète latin Lucrèce. — [10] **digérer** verdauen — [16] **abuser de** user mal — [17] **le prieur** supérieur d'un couvent — **la marée** mouvement de la mer dont le niveau monte et descend (marée haute — marée basse) — [25] **s'ajuster** s'adapter — **arbitraire** ici: artificiel — [26] **les besicles** (f) anciennes lunettes rondes — [27] **l'odorat** (m) sens par lequel on sent les odeurs — [28] **le gantier** fabricant de gants — [29] **le métacarpe, la phalange** os des doigts et de la main.

C'est, ce me semble, se boucher les yeux et l'entendement que de prétendre qu'il n'y a aucun dessein dans la nature; et, s'il y a du dessein, il y a une cause intelligente, il existe un Dieu.

On nous objecte les irrégularités du globe, les volcans, les plaines de sables mouvants, quelques petites montagnes abîmées, et d'autres formées par des tremblements de terre, etc. Mais de ce que les moyeux des roues de votre carrosse auront pris feu, s'ensuit-il que votre carrosse n'ait pas été fait expressément pour vous porter d'un lieu à un autre? Les chaînes des montagnes qui couronnent les deux hémisphères, et plus de six cents fleuves qui coulent jusqu'aux mers du pied de ces rochers; toutes les rivières qui descendent de ces mêmes réservoirs, et qui grossissent les fleuves, après avoir fertilisé les campagnes; des milliers de fontaines qui partent de la même source, et qui abreuvent le genre animal et le végétal : tout cela ne paraît pas plus l'effet d'un cas fortuit et d'une déclinaison d'atomes, que la rétine qui reçoit les rayons de la lumière, le cristallin qui les réfracte, l'enclume, le marteau, l'étrier, le tambour de l'oreille qui reçoit les sons, les routes du sang dans nos veines, la systole et la diastole du cœur, ce balancier de la machine qui fait la vie.

Questions sur l'Encyclopédie (1770). Art. «Causes finales» repris en 1771 dans le «Dictionnaire philosophique» à l'art. «Fin», Causes finales, section II.

Une boucherie héroïque

Nichts Schöneres ließ sich denken, nichts so Bewegliches, Glänzendes und Wohlgeordnetes wie die beiden Armeen. Die Trompeten und Pfeifen, die Hoboen, Trommeln und Kanonen vollführten ein so wohlklingendes Getöse, wie es selbst in der Hölle bisher nicht vernommen worden war. Zuallererst fegten die Geschütze nahezu sechstausend Mann auf beiden Seiten hinweg. Hernach setzte das Musketenfeuer ein und raffte ungefähr weitere neun- oder zehntausend Spitzbuben aus der besten aller Welten hinweg, nachdem sie so lange die Erdoberfläche verunziert hatten. Auch das Bajonett wurde etlichen tausend Mann der zureichende Grund zu ihrem Tode. Alles in allem mochten rund dreißigtausend Seelen ins Gras gebissen haben. Candide zitterte wie ein echter Philosoph und versteckte sich, so gut er konnte, solange diese heldenmütige Schlächterei währte.

«Candide», 3. Kap. (aus: Voltaire, «Candide», Winkler-Verlag. Übers.: Walter Widmer)

32 **le dessein** plan, intention — 34 **le sable mouvant** sable mouillé qui s'enfonce sous un poids — 36 **le moyeu** Radnabe — 40 **fertiliser** rendre fertile (fruchtbar machen) — 41 **abreuver** donner à boire — 42 **fortuit,e** qui arrive par hasard — **la déclinaison d'atomes** selon Lucrèce et Epicure, elle faisait que les atomes soient déviés dans leur chute verticale; par leur rencontre sont formés les corps divers — 43 **la rétine** Netzhaut — **le cristallin** Iris — **réfracter** briser — 44 **l'enclume** (f) Amboß — **l'étrier** (m) Steigbügel — **le tambour** Trommelfell — 45 **la systole et la diastole** contraction et décontraction du cœur — **le balancier** le pendule.

Extrait du Poème sur le désastre de Lisbonne

Le tremblement de terre qui détruisit partiellement la ville de Lisbonne fournissait à Voltaire l'occasion d'attaquer les philosophes optimistes et leurs épigones dont les idées sur le monde étaient résumées dans la formule simplifiée à l'excès: «Tout va pour le mieux dans le meilleur des mondes possibles.» Ici Voltaire confronte à leurs théories une réalité atroce.

O malheureux mortels! ô terre déplorable!
O de tous les mortels assemblage effroyable!
D'inutiles douleurs éternel entretien :
Philosophes trompés qui criez, «Tout est bien»,
Accourez, contemplez ces ruines affreuses,
Ces débris, ces lambeaux, ces cendres malheureuses,
Ces femmes, ces enfants l'un sur l'autre entassés,
Sous ces marbres rompus ces membres dispersés;
Cent mille infortunés que la terre dévore,
Qui, sanglants, déchirés, et palpitants encore,
Enterrés sous leurs toits, terminent sans secours
Dans l'horreur du tourment leurs lamentables jours!
Aux cris demi-formés de leurs voix expirantes,
Au spectacle effrayant de leurs cendres fumantes,
Direz-vous : «C'est l'effet des éternelles lois
Qui d'un Dieu libre et bon nécessitent le choix?»

Voltaire, «Poème sur le désastre de Lisbonne», 1756

Inquisition

L'Inquisition est, comme on sait, une invention admirable et tout à fait chrétienne pour rendre le pape et les moines plus puissants et pour rendre tout un royaume hypocrite.

On regarde d'ordinaire saint Dominique comme le premier à qui l'on doit cette sainte institution. En effet, nous avons encore une patente donnée par ce grand saint, laquelle est conçue en ces propres mots: «Moi, frère Dominique, je réconcilie à l'Église le nommé Roger, porteur des présentes, à condition qu'il se fera fouetter par un prêtre trois dimanches consécutifs depuis l'entrée de la ville jusqu'à la porte de l'église, qu'il fera maigre toute sa vie, qu'il jeûnera trois carêmes dans l'année, qu'il ne boira jamais de vin,

[8] **l'assemblage** (m) ensemble, réunion — [12] **les débris** (m) ruines — **les lambeaux** (m) morceaux de chair arrachés — **les cendres** (f) ce qui reste après le feu — [14] **le marbre** Marmor — **disperser** jeter par ci par là — [16] **palpiter** zucken — [19] **expirer** mourir, donner le dernier souffle — [22] **nécessiter** rendre nécessaire.

[3] **hypocrite** faussement pieux (scheinheilig) — [6] **la patente** écrit — [8] **des présentes** = lettres — **fouetter** auspeitschen — [9] **faire maigre** ne manger ni viande ni aliment gras — [10] **jeûner** ne pas manger à sa faim — **le carême** période d'abstinence entre le Mardi gras et le jour de Pâques.

qu'il portera le *san-benito* avec des croix, qu'il récitera le bréviaire tous les jours, dix *pater* dans la journée, et vingt à l'heure de minuit; qu'il gardera désormais la continence, et qu'il se présentera tous les mois au curé de sa paroisse, etc., tout cela sous peine d'être traité comme hérétique, parjure et impénitent.»

Quoique Dominique soit le véritable fondateur de l'Inquisition, cependant Louis de Paramo, l'un des plus respectables écrivains et des plus brillantes lumières du Saint-Office, rapporte, au titre second de son second livre, que Dieu fut le premier instituteur du Saint-Office, et qu'il exerça le pouvoir des frères prêcheurs contre Adam. D'abord Adam est cité au tribunal: *Adam, ubi es?* et en effet, ajoute-t-il, le défaut de citation aurait rendu la procédure de Dieu nulle.

Les habits de peau que Dieu fit à Adam et á Eve furent le modèle du *san-benito* que le Saint-Office fait porter aux hérétiques. Il est vrai que par cet argument on prouve que Dieu fut le premier tailleur; mais il n'est pas moins évident qu'il fut le premier inquisiteur.

Adam fut privé de tous les biens immeubles qu'il possédait dans le grand paradis terrestre: c'est de là que le Saint-Office confisque les biens de tous ceux qu'il a condamnés.

Louis de Paramo remarque que les habitants de Sodome furent brûlés comme hérétiques, parce que la sodomie est une hérésie formelle. De là il passe à l'histoire des Juifs; il y trouve partout le Saint-Office.

Jésus-Christ est le premier inquisiteur de la nouvelle loi; les papes furent inquisiteurs de droit divin, et enfin ils communiquèrent leur puissance à saint Dominique.

Il fait ensuite le dénombrement de tous ceux que l'Inquisition a mis à mort; il en trouve beaucoup au delà de cent mille.

Voltaire, «Dictionnaire philosophique»,1764 (Article «Inquisition» publié en 1769)

Torture

[. . .]

Les Français, qui passent, je ne sais pourquoi, pour un peuple fort humain, s'étonnent que les Anglais, qui ont eu l'inhumanité de nous prendre tout le Canada, aient renoncé au plaisir de donner la question.

Lorsque le chevalier de La Barre, petit-fils d'un lieutenant-général des armées, jeune homme de beaucoup d'esprit et d'une grande espérance, mais ayant toute l'étourderie d'une jeunesse effrénée, fut convaincu d'avoir chanté des chansons impies, et même d'avoir passé devant une procession de capucins sans avoir ôté son chapeau, les juges

[11] **le san-benito** cf. «Candide» ch. 6 (notes) — **le bréviaire** livre de prières: les prêtres catholiques sont obligés de lire leur bréviaire tous les jours — [12] **la continence** abstinence de tout plaisir charnel — [14] **le parjure** personne qui fait un faux serment (Meineid) — **l'impénitent** (m) personne qui ne regrette pas ses péchés — [19] **ubi es?** où es-tu? — [28] **la sodomie** homosexualité masculine — [32] **le dénombrement** compte.

[6] **l'étourderie** (f) bêtise, inattention — [7] **effréné,e** démesuré — **impie** méprisant pour la religion — [8] **les capucins** ordre religieux: Franciscains.

d'Abbeville, gens comparables aux sénateurs romains, ordonnèrent, non seulement qu'on lui arrachât la langue, qu'on lui coupât la main, et qu'on brûlât son corps à petit feu; mais ils l'appliquèrent encore à la torture pour savoir précisément combien de chansons il avait chantées, et combien de processions il avait vu passer, le chapeau sur la tête.

Ce n'est pas dans le treizième ou quatorzième siècle que cette aventure est arrivée, c'est dans le dix-huitième. Les nations étrangères jugent de la France par les spectacles, par les romans, par les jolis vers, par les filles d'Opéra qui ont les mœurs fort douces, par nos danseurs d'Opéra qui ont de la grâce, par mademoiselle Clairon qui déclame des vers à ravir. Elles ne savent pas qu'il n'y a point au fond de nation plus cruelle que la française.

[. . .]

Voltaire, «Dictionnaire philosophique», 1764 (Article «Torture» publié 1769)

Lettre à M. J.-J. Rousseau

Aux Délices, près de Genève [30 août 1755].

J'ai reçu, monsieur, votre nouveau livre contre le genre humain, je vous en remercie. Vous plairez aux hommes, à qui vous dites leurs vérités, mais vous ne les corrigerez pas. On ne peut peindre avec des couleurs plus fortes les horreurs de la société humaine, dont notre ignorance et notre faiblesse se promettent tant de consolations. On n'a jamais employé tant d'esprit à vouloir nous rendre bêtes; il prend envie de marcher à quatre pattes quand on lit votre ouvrage. Cependant, comme il y a plus de soixante ans que j'en ai perdu l'habitude, je sens malheureusement qu'il m'est impossible de la reprendre, et je laisse cette allure naturelle à ceux qui en sont plus dignes que vous et moi. Je ne peux non plus m'embarquer pour aller trouver les sauvages du Canada; premièrement parce que les maladies dont je suis accablé me retiennent auprès du plus grand médecin de l'Europe et que je ne trouverais pas les mêmes secours chez les Missouris; secondement parce que la guerre est portée dans ces pays-là, et que les exemples de nos nations ont rendu les sauvages presque aussi méchants que nous. Je me borne à être un sauvage paisible dans la solitude que j'ai choisie, auprès de votre patrie où vous devriez être.

Je conviens avec vous que les belles-lettres et les sciences ont causé quelquefois beaucoup de mal. Les ennemis du Tasse firent de sa vie un tissu de malheurs; ceux de Galilée le firent gémir dans les prisons, à soixante et dix ans, pour avoir connu le mouvement de la terre; et, ce qu'il y a de plus honteux, c'est qu'ils l'obligèrent à se rétracter. Dès que

17 **Clairon** tragédienne française (1723—1803), célèbre surtout dans le théâtre de Voltaire.
3 **le genre humain** la race humaine — 4 **dire ses vérités à qn** critiquer qn (jd. die Meinung sagen) — 7 **bête** jeu de mots: bête = dumm et la bête = animal — **il prend envie** il me prend l'envie. . . — 12 **le plus grand médecin** Tronchin, médecin de Voltaire — 13 **les Missouris** tribu indienne en Amérique — 18 **le Tasse** Tasso — **Galilée** Galilei — 20 **se rétracter** retirer sa doctrine.

vos amis eurent commencé le *Dictionnaire encyclopédique,* ceux qui osèrent être leurs rivaux les traitèrent de *déistes,* d'*athées,* et même de *jansénistes.*

Si j'osais me compter parmi ceux dont les travaux n'ont eu que la persécution pour récompense, je vous ferais voir des gens acharnés à me perdre du jour que je donnai la tragédie d'*Œdipe;* une bibliothèque de calomnies ridicules imprimées contre moi. [. . .]

De toutes les amertumes répandues sur la vie humaine, ce sont là les moins funestes. Les épines attachées à la littérature et à un peu de réputation ne sont que des fleurs en comparaison des autres maux qui, de tout temps, ont inondé la terre. [. . .]

Si quelqu'un doit se plaindre des lettres, c'est moi, puisque dans tous les temps et dans tous les lieux elles ont servi à me persécuter; mais il faut les aimer malgré l'abus qu'on en fait, comme il faut aimer la société dont tant d'hommes méchants corrompent la douceur; comme il faut aimer sa patrie, quelques injustices qu'on y essuie; comme il faut aimer et servir l'Etre suprême, malgré les superstitions et le fanatisme qui déshonorent si souvent son culte.

M. Chappuis m'apprend que votre santé est bien mauvaise; il faudrait la venir rétablir dans l'air natal, jouir de la liberté, boire avec moi du lait de nos vaches, et brouter nos herbes.

Je suis très philosophiquement et avec la plus grande estime, etc.

L'esclavage à Saint-Domingue

On comptait, en 1757, dans la Saint-Domingue française, environ trente mille personnes, et cent mille esclaves nègres ou mulâtres, qui travaillaient aux sucreries, aux plantations d'indigo, de cacao, et qui abrègent leur vie pour flatter nos appétits nouveaux, en remplissant nos nouveaux besoins, que nos pères ne connaissaient pas. Nous allons acheter ces nègres à la côte de Guinée, à la côte d'Or, à celle d'Ivoire. Il y a trente ans qu'on avait un beau nègre pour cinquante livres: c'est à peu près cinq fois moins qu'un bœuf gras. Cette marchandise humaine coûte aujourd'hui, en 1772, environ quinze cents livres. Nous leur disons qu'ils sont hommes comme nous, qu'ils sont rachetés du sang d'un Dieu mort pour eux, et ensuite on les fait travailler comme des bêtes de somme; on les nourrit plus mal. S'ils veulent s'enfuir, on leur coupe une jambe, et on leur fait tourner à bras l'arbre des moulins à sucre, lorsqu'on leur a donné une jambe de bois. Après cela nous osons parler du droit des gens.

Voltaire, «Essai sur les Mœurs» (XII, 416), 1756

[21] **vos amis** Diderot, D'Alembert. . . — [22] **le déiste, le janséniste** cf. «Candide» — [24] **acharné,e** passionné — [25] **la calomnie** médisance, fausse accusation — [26] **funeste** fatal — [27] **les épines** (f) ici: difficultés — [32] **essuyer** (un mal) souffrir — [35] **la venir rétablir** venir la rétablir — [36] **brouter** manger (de l'herbe).

[3] **le mûlatre, la mûlatresse** homme, femme de couleur — **la sucrerie** usine où l'on fabrique le sucre — [4] **l'indigo** (m) teinture extraite d'un petit arbre exotique (indigotier) — [10] **la bête de somme** animal qui porte des fardeaux (cheval, âne, chameau, etc.) — [12] **l'arbre** ici: axe qui transmet un mouvement de rotation.

Annexe II: Prolongement

Rire

Que le rire soit le signe de la joie, comme les pleurs sont le symptôme de la douleur, quiconque a ri n'en doute pas. Ceux qui cherchent des causes métaphysiques au rire ne sont pas gais. Ceux qui savent pourquoi cette espèce de joie qui excite le ris retire vers les oreilles le muscle zygomatique, l'un des treize muscles de la bouche, sont bien savants. Les animaux ont ce muscle comme nous; mais ils ne rient point de joie, comme ils ne répandent point de pleurs de tristesse. Le cerf peut laisser couler une humeur de ses yeux quand il est aux abois, le chien aussi quand on le dissèque vivant; mais ils ne pleurent point leurs maîtresses, leurs amis, comme nous; ils n'éclatent point de rire à la vue d'un objet comique: l'homme est le seul animal qui pleure et qui rie.

Comme nous ne pleurons que de ce qui nous afflige, nous ne rions que de ce qui nous égaie: les raisonneurs ont prétendu que le rire naît de l'orgueil, qu'on se croit supérieur à celui dont on rit. Il est vrai que l'homme, qui est un animal risible, est aussi un animal orgueilleux; mais la fierté ne fait pas rire; un enfant qui rit de tout son cœur ne s'abandonne point à ce plaisir parce qu'il se met au-dessus de ceux qui le font rire; s'il rit quand on le chatouille ce n'est pas assurément parce qu'il est sujet au péché mortel de l'orgueil. J'avais onze ans quand je lus tout seul, pour la première fois, l'*Amphitryon* de Molière; je ris au point de tomber à la renverse; était-ce par fierté? On n'est point fier quand on est seul. Était-ce par fierté que le maître de l'âne d'or se mit tant à rire quand il vit son âne manger son souper? Quiconque rit éprouve une joie gaie dans ce moment-là, sans avoir un autre sentiment.

Toute joie ne fait pas rire, les grands plaisirs sont très sérieux: les plaisirs de l'amour, de l'ambition, de l'avarice, n'ont jamais fait rire personne.

Le rire va quelquefois jusqu'aux convulsions. On dit même que quelques personnes sont mortes de rire; j'ai peine à le croire, et sûrement il en est davantage qui sont mortes de chagrin.

Les vapeurs violentes qui excitent tantôt les larmes, tantôt les symptômes du rire, tirent à la vérité les muscles de la bouche; mais ce n'est point un ris véritable, c'est une convulsion, c'est un tourment. Les larmes peuvent alors être vraies parce qu'on souffre; mais le rire ne l'est pas; il faut lui donner un autre nom, aussi l'appelle-t-on rire *sardonien.*

[3] **quiconque** (+ Sing.) tous ceux qui — [4] **le ris** le rire — [5] **zygomatique** (anat.) de la pommette (joue) — [7] **le cerf** [sɛr] Hirsch - **l'humeur** (f) liquide — [8] **être aux abois** (chasse:) la bête entourée de chiens — **disséquer** sezieren — [11] **affliger** rendre triste — [12] **le raisonneur** (péj.) philosophe — [13] **risible** grotesque — [18] **à la renverse** en arrière — [24] **la convulsion** contraction violente et involontaire des muscles — [27] **les vapeurs** (f) dans l'ancienne médecine on s'imaginait des vapeurs dans le corps. — [30] **sardonien** le rire sardonique exprime une moquerie amère.

Le ris malin, le *perfidum ridens*, est autre chose; c'est la joie de l'humiliation d'autrui: on poursuit par des éclats moqueurs, par le *cachinnum* (terme qui nous manque), celui qui nous a promis des merveilles et qui ne fait que des sottises: c'est huer plutôt que rire. Notre orgueil alors se moque de l'orgueil de celui qui s'en est fait accroire. On hue notre ami Fréron dans l'*Ecossaise* plus encore qu'on n'en rit: j'aime toujours à parler de l'ami Fréron; cela me fait rire.

Voltaire, „Dictionnaire philosophique", 1764

La littérature de l'intelligence

L'intelligence connut au XVIIIe siècle un moment exquis. Pas d'obstacle à ses libertés: ni tradition, ni respect, ni mystère. Pour toute une famille humaine, le cœur était une faculté dont on se dépouillait faute d'exercice, l'imagination n'était qu'un enthousiasme fou: restait l'intelligence, pur diamant; la grande joie de penser, et de penser vite; la fête qu'on donne aux autres et qu'on se donne à soi-même, quand ils comprennent et quand on comprend tout. Avant, on prétendait à un certain équilibre, dont l'intelligence n'était qu'un élément; après on cesse d'être intelligent, puisqu'on devient lyrique; entre les deux, on dépensa sans compter, à larges mains, la monnaie brillante de la raison. Entre le ciel dont on n'essaya plus de percer la voûte et les profondeurs de l'inconscient qu'on refusa de sonder, on s'installa dans un pays sans mystère où l'on se sentit parfaitement à l'aise, et qu'on illumina pour le rendre plus beau.

*

L'intelligence fut à la cour, c'est par elle que les maîtresses des rois se maintinrent après qu'elles eurent charmé; elle fut à la ville, les bourgeois eux-mêmes s'engouèrent d'elle; elle courut les rues. Elle pénétra le goût, bien qu'il gardât encore un «je ne sais quoi» qui embarrassait. Elle pénétrait l'art, et la littérature, dont elle devint l'âme légère. . .

Le plus illustre représentant de cette époque est Voltaire, si merveilleusement intelligent que lorsqu'il ne comprend pas, c'est qu'il ne veut pas comprendre; si spontanément spirituel qu'il semble avoir ajouté à l'esprit sa qualité la plus rare, le naturel. Ce qu'était cet esprit dont il était inépuisablement riche, il l'a dit lui-même:

«Ce qu'on appelle esprit est tantôt une comparaison nouvelle, tantôt une allusion fine: ici l'abus d'un mot qu'on présente dans un sens, et qu'on laisse entendre dans un

32 **l'humiliation** (f) action d'abaisser qn — 33 **cacchinnum** (lat.) accusatif de cacchinus: lautes Lachen — 34 **huer qn** pousser des cris hostiles contre qn — 35 **en faire accroire à qn** (seulement infinitif) le tromper, lui mentir — 36 **Fréron** (Elie) critique français (1719-1776), ennemi de Voltaire.
2 **exquis,e** d'une délicatesse recherchée — 4 **se dépouiller de qc** abandonner — 10 **la voûte** (du ciel) (Himmels-)Gewölbe — 11 **sonder** chercher à entrer dans le secret de . . . — 14 **s'engouer de** s'enthousiasmer. 31 **à l'ancienne** à la façon ancienne, tel qu'on le faisait autrefois.

autre; là, un rapport délicat entre deux idées peu communes; c'est une métaphore singulière, c'est une recherche, de ce que l'objet ne présente pas d'abord, mais de ce qui est en effet dans lui; c'est l'art ou de réunir deux choses éloignées ou de diviser deux choses qui paraissent se joindre, ou de les opposer l'une à l'autre; c'est celui de ne dire qu'à moitié sa pensée, pour la laisser deviner. Enfin je vous parlerais de toutes les différentes façons de montrer de l'esprit, si j'en avais davantage.»

*

Le sens poétique, n'était pas le fort de cette littérature-là. En vérité, elle exigeait la prose; et en fait, elle créait une prose nouvelle. Brisant la phrase à l'ancienne, qu'elle trouvait lourde même chez les prédécesseurs qui avaient su la manier en maîtres; écartant les comparaisons, les images, les métaphores comme pour dépouiller les idées de tout ce qui n'était pas elles-mêmes; débarrassant le vocabulaire des mots incertains, inexacts, douteux, elle inaugurait une forme immédiatement reconnaissable à sa simplicité idéale, une manière alerte, toujours directe, toujours rapide, qui excluait les contresens dus à l'ambiguïté des termes, aux surcharges du style. Elle allait à son but, rapide, supprimant quelquefois les liaisons superflues, les coordinations trop lentes, voire les termes intermédiaires qui ne sont utiles qu'aux lourdauds. Elle était si dépouillée, qu'en l'admirant on avait peine à trouver les motifs de cette admiration, et qu'on devait se contenter de répéter qu'elle était parfaite. Servante docile d'une pensée claire; intermédiaire qui ne trahissait point; à peine un intermédiaire, tant elle était exactement conforme à l'esprit d'analyse qu'appliquait à toute chose «le siècle fortuné de la philosophie». En France, la prose devenait la limpidité même; et trop limpide peut-être, ç'eût été son défaut si elle en avait comporté un, elle commençait à manquer de couleurs. [. . .]

*

D'autres époques s'intéresseront à l'individu en ce qu'il a d'incommunicable; celle-ci s'intéresse à ce qu'il a de commun avec ses frères. Elle croit que les ressemblances entre les hommes viennent de la nature, que les différences viennent de la coutume, et que la supériorité de la nature sur la coutume éclate par le seul droit d'antériorité. Elle s'attache donc à étudier ce qui unit, non pas ce qui distingue. [. . .]

Jamais le terme «correspondre» ne prit un sens aussi profond. Les lettres, prolongement de la conversation, gardent son agilité; leurs auteurs croient parler encore, loin du salon où leur nostalgie les reporte.

Paul Hazard, «La pensée européenne au XVIIIe siècle. De Montesquieu à Lessing» (Boivin, Paris 1946)

32 **manier** manipuler, se servir de — 33 **dépouiller qc de** dégager, dégarnir — 37 **l'ambiguïté** (f) absence de clarté — 38 **voire** et même — **intermédiaire** ce qui est entre deux éléments — 39 **le lourdaud** personne lourde, maladroite — 41 **docile** qui obéit facilement — 44 **la limpidité** clarté, transparence — 46 **incommunicable** ce qu'on ne peut pas exprimer — 52 **l'agilité** (f) souplesse, vivacité.

L'engagement de Voltaire: Les «affaires»

Affaire Calas. — Le 9 mars 1762, meurt sur la roue le protestant Jean Calas, accusé du meurtre de son fils Marc-Antoine, trouvé pendu dans son grenier le 13 octobre 1761. Le 22 mars, Voltaire apprend la nouvelle, et aussi que la victime se proposait de se convertir au catholicisme. Il met son talent et sa science du droit au service des avocats. Le cardinal de Bernis et le maréchal de Richelieu lui conseillent de ne pas se mêler de l'affaire. Peine perdue! Aux Délices il reçoit et questionne, durant plusieurs mois, Donat et Pierre Calas, les deux fils du disparu. Convaincu que sa première impression est la bonne, c'est-à-dire qu'il y a intervention d'autorités religieuses dans le fonctionnement du pouvoir judiciaire, il attaque. Il obtiendra d'abord un arrêt du Parlament de Paris en faveur de Calas (1763), et sur cette lancée publiera son *Traité sur la tolérance*; en juin 1764, l'arrêt de condamnation qui émanait du parlement de Toulouse sera cassé. Le 9 mars 1765, ce sera la réhabilitation de Calas à l'unanimité des quarante juges. Le triomphe de Voltaire sera complet.

Affaire Sirven (identique, mais moins dramatique: le condamné, réfugié en Suisse, ne fut pendu qu'en effigie). — Protestant, Sirven fut déclaré coupable du meurtre d'une de ses filles qui songeait à se convertir au catholicisme. Pour engager la procédure de révision, Voltaire attendit le succès complet de la procédure engagée en faveur de Calas. Dans la foulée de ce succès et à la faveur de l'impression produite par la publication du *Traité sur la tolérance,* il lança donc la deuxième affaire: procédures et propagande astucieusement orchestrées. Ainsi s'explique que Sirven ait attendu neuf ans la réhabilitation complète (25 novembre 1771). «Il ne fallut que deux heures pour condamner cette famille. . . Il a fallu neuf ans pour faire rendre justice à l'innocence» (Voltaire).

Affaire La Barre. — Au départ, incident futile: désordre au passage d'une procession et «peut-être» détérioration d'un crucifix. Plusieurs jeunes gens inculpés, chez qui on trouva des exemplaires d'ouvrages philosophiques, dont le *Dictionnaire philosophique.* L'attitude d'un des inculpés, le chevalier de La Barre, irrita le tribunal: condamnation à mort et exécution. En même temps qu'on brûla La Barre on jeta solennellement dans les flammes l'exemplaire saisi du *Dictionnaire.* Intervention immédiate de Voltaire. Un des inculpés qui avait pu fuir, Étallonde, fut, sur la recommandation de notre philosophe, admis dans le corps des officiers de l'armée prussienne. Comme précédemment, la procédure fut accompagnée de publications: *Relation de la mort du chevalier de La Barre,* et *Commentaire sur le livre des délits et des peines.*

«Voltaire. Correspondance» (Bordas, Paris 1970)

[4] **se proposer** avoir l'intention — [7] **Les Délices** cf. biographie de Voltaire — [10] **l'arrêt** (m) jugement — **le Parlement** (jusqu'à la Révolution) cour de justice — [11] **la lancée** élan, activité — [12] **émaner de** provenir — **casser** (un arrêt) annuler — [13] **à l'unanimité de** avec l'accord de tous. [16] **pendre qn en effigie** (f) pendre la représentation de qn (un tableau, un mannequin) — [19] **dans la foulée de** im Gefolge von — [20] **astucieux,-se** intelligent — [21] **orchestrer** organiser, arranger. [24] **futile** qui ne mérite pas qu'on s'y arrête (peu important) — [25] **la détérioration** endommagement (Beschädigung) — **inculper qn** accuser — [31] **précédemment** auparavant.

Quelques jugements sur Candide

XVIIIe siècle

Omer Joly de Fleury, avocat général:

Il se répand depuis quelques jours dans le public une brochure intitulée «Candide ou l'optimisme».[. . .] Cette brochure dont je n'ai pu encore que parcourir quelques chapitres, m'a paru contenir des traits et des allégories également contraires à la religion et aux bonnes mœurs, et je sais d'ailleurs que dans le monde on est révolté des indécences et des impiétés qu'elle renferme.

24 février 1759

XIXe siècle

Mme de Staël:

C'est pour combattre Leibniz qu'il a composé «Candide». Il prit une humeur singulière contre les causes finales, l'optimisme, le libre arbitre, enfin, contre toutes ces opinions philosophiques qui relèvent la dignité de l'homme, et il fit «Candide», cet ouvrage d'une gaîté infernale, car il semble écrit par un être d'une autre nature que nous, indifférent à notre sort, content de nos souffrances, et riant comme un démon, ou comme un singe, des misères de cette espèce humaine avec laquelle il n'a rien de commun.

«De l'Allemagne» (III, 4), 1810

XXe siècle

Gustave Lanson:

«Candide» n'est ni désolant, ni désolé, ni purement négatif et critique: c'est la parabole essentielle de la philosophie voltairienne qui tend toute à l'augmentation du bien-être. Pas un chapitre, pas un épisode, pas une silhouette qui ne découvre l'illusion ou le mensonge de l'optimisme, et, à mesure que le dénouement approche, l'utilité de l'action sociale.

«Voltaire», 1906 (Hachette)

Paul Hazard:

Est-il possible de cultiver son jardin sans être gêné par ses voisins, caressé ou tourmenté par les vents, battu par les pluies? Sans regarder au-delà des clôtures, sans contempler l'horizon, sans lever la tête vers les astres? (Cultiver son jardin) n'est qu'un pis-aller, l'aveu d'une défaite, une façon de se recroqueviller, pour donner moins de prise au mal triomphant: acceptation d'un monde incompréhensible que la raison suffisante ne suffit plus à expliquer.

«La pensée européenne au XVIIIe siècle. De Montesquieu à Lessing», 1946 (Boivin)

André Delattre:

(Mme de Staël a tort) lorsqu'elle lui reproche de manquer d'entrailles, parce qu'il bouffonne dans «Candide» sur les souffrances de l'humanité [. . .]. Il y a chez Voltaire le besoin de bouffonner quand il parle de choses sérieuses [. . .]. Et ce n'est pas nécessairement par démission: souvent c'est plutôt par crainte de l'emphase, ou par un mélange de pudeur et d'humour.

«Voltaire l'impétueux», 1957 (Mercure de France)

Pierre Castex:

Voltaire veut donner à penser qu'au niveau de l'homme au moins l'existence est absurde et qu'il est vain de vouloir la justifier. De ce point de vue son attitude est extrêmement moderne. L'erreur de Pangloss est de prétendre introduire artificiellement une causalité dans une succession d'événements dont la logique échappe aux investigations de l'esprit humain. «Voltaire: Micromégas — Candide — L'ingénu», 1959 (S.E.D.E.S.)

L'actualité de Candide

1. Roland Barthes: **Qu'avons-nous de commun, aujourd'hui, avec Voltaire?**

Qu'avons-nous de commun, aujourd'hui, avec Voltaire? D'un point de vue moderne, sa philosophie est démodée.

Il est possible de croire à la fixité des essences et au désordre de l'histoire, mais ce n'est plus de la même façon que Voltaire. En tout cas, les athées ne se jettent plus aux pieds des déistes, qui n'existent d'ailleurs plus. La dialectique a tué le manichéisme, et l'on discute rarement de la providence. Quant aux ennemis de Voltaire, ils ont disparu ou se sont transformés: il n'y a plus de jansénistes, de sociniens, de leibniziens [. . .].

J'allais dire: il n'y a plus d'Inquisition. C'est faux, bien sûr. Ce qui a disparu, c'est le théâtre de la persécution, non la persécution elle-même: l'auto-da-fé s'est subtilisé en opération de police, le bûcher en camp de concentration, discrètement ignoré de ses voisins. Moyennant quoi, les chiffres ont pu changer: en 1721, neuf hommes et onze femmes furent brûlés à Grenade dans les quatre fours de l'échafaud de plâtre, et, en 1723, neuf hommes à Madrid, pour l'arrivée de la princesse française: ils avaient sans doute épousé leurs commères ou mangé du gras le vendredi *. Répression horrible, dont l'absurdité soutient toute l'œuvre de Voltaire. Mais de 1939 à 1945, six millions d'hommes, entre autres, sont morts dans les tortures de la déportation, parce qu'ils étaient juifs, eux, ou leurs pères, ou leurs grand-pères.

Roland Barthes, «Le dernier des écrivains heureux» dans: Essais critiques, Collection «Telquel» (Ed. du Seuil, Paris 1964)

2. Jean d'Ormesson: **Le retour de Candide**

Échappé des mains des Turcs, des Bulgares, des Portugais, des jésuites du Paraguay, des sauvages Oreillons et du baron Thunder-ten-tronckh, Candide, qui avait gardé l'esprit le plus simple avec un jugement assez droit, ne resta pas longtemps à cultiver son jardin. Le calme l'ennuyait un peu et le monde l'attirait. On lui avait dit qu'il se passait des choses en Afghanistan, en Perse, à l'embouchure du Rio de la Plata, en Moscovie,

6 **l'embouchure** (f) l'endroit où le fleuve se jette dans la mer.

* Cf. ch. 6e de «Candide».

un peu partout. Il décida d'y aller voir. Il commença par les Persans à cause des lettres d'Usbek et de Rica qu'il avait lues et relues et parce que la Perse était un pays de très vieille et haute culture.

Le secrétaire aux Affaires extérieures l'attendait, avec beaucoup de courtoisie, à l'arrivée du carrosse volant. Le secrétaire s'appelait le baron de Ghotbzadeh. Il paraissait hors de lui.

— Comment va votre maître? demanda Candide d'une voix douce et polie, pour tâcher de l'apaiser.

— Lequel, répondit le baron. Nous en avons deux. Un laïc et un religieux.

— Lequel commande à l'autre? demanda Candide.

— Nous ne le savons pas encore, répondit le baron. Mais ce que nous savons, c'est que nous sommes très mécontents.

— Et pourquoi donc? dit Candide.

— Parce qu'il n'y a plus d'ordre international, que les traditions les plus saintes et les lois les mieux établies sont foulées aux pieds et que l'ambassadeur des Esquimaux a fait sortir de ce pays avec de faux papiers des Sioux et des Iroquois que nous avions emprisonnés.

— Diable! dit Cadide. Ce devaient être de bien grands criminels?

— Non, répondit le baron. Ou plutôt oui: c'étaient des secrétaires d'ambassade qui avaient été arrêtés comme otages.

— Je ne comprends pas, dit Candide. Je croyais que les secrétaires d'ambassade ne pouvaient pas être arrêtés.

— Vous vous trompez, dit le baron de Ghotbzadeh. La loi internationale et la tradition la plus sacrée interdisent de les libérer. Mais elles permettent fort bien de les arrêter. Et pour venger l'insulte qui nous a été faite en nous empêchant de garder des diplomates étrangers en otage, nous mettrons à feu et à sang le pays des Esquimaux.

*

Candide se dit que les choses avaient beaucoup changé depuis le temps où il écoutait les leçons de son maître Pangloss. Comme il était tout près du pays des Afghans, il résolut d'aller leur rendre visite.

Il trouva un grand nombre de soldats du Tsar de toutes les Russies installés sur leur territoire. Il s'en étonna auprès d'un officier du Tsar:

— Etes-vous donc en guerre avec l'Afghanistan?

— Nous? répondit l'officier. Point du tout. Ce sont nos ennemis qui répandent ces rumeurs. Je m'étonne de vous entendre adopter cette étrange opinion, vous que je croyais un ami de mon peuple qui a combattu aux côtés du vôtre contre le roi de Prusse. Il faut voir dans nos canons des sortes de brins d'olivier qu'apporteraient des colombes.

[8] **Usbek, Rica** personnages fictifs dans les «Lettres persanes» de Montesquieu — [11] **Ghotbzadeh** Ministre des affaires étrangères de l'Iran en 1980 — [21] **fouler aux pieds** ne pas respecter — **les Esquimaux** allusion à la ruse de l'ambassade canadienne en Iran grâce à laquelle quelques diplomates américains ont pu échapper à la spectaculaire prise d'otage en Iran en 1979.

C'est la paix, non la guerre, qui nous envoie ici. Et c'est le prince des Afghans qui nous a appelés à l'aide.

— Celui qui était sur le trône au moment de votre arrivée? demanda Candide.

— Ah! non, répondit l'officier. Celui-là, nous l'avons tué avec ses quatre femmes et ses vingt-quatre enfants.

— Ah? reprit Candide qui avait appris à ne plus s'étonner de rien. Mais qui donc, alors, a fait appel à vous?

— C'est un prince afghan qui habitait la Bohême occupée par nos soldats, dit l'officier.

— Et comment savez-vous, demanda Candide, que cet Afghan de Bohême représentait la volonté populaire?

— C'est très simple, dit l'officier. Il représentait le peuple afghan parce qu'il est arrivé dans les fourgons moscovites. Ceux qui arrivent dans nos fourgons représentent toujours et partout la volonté populaire. Pour un temps, tout au moins. C'est la règle.

*

Quelque avide qu'il fût de s'instruire, Candide estima qu'il en savait assez sur le pays des Afghans. Il voulut revoir le Paraguay qu'il avait jadis visité avec la belle Cunégonde. Il poussa jusqu'au Chili où il apprit avec beaucoup de joie que le général marquis de Pinochet volait au secours de la justice et de la morale. Il finit par arriver dans le pays du général comte Videla que les amis du Tsar de toutes les Russies avaient longtemps traité de méchant homme parce qu'il était autoritaire et cruel.

Quelle ne fut pas la surprise de Candide en tombant, dans une des rues de Buenos Aires où il avait tant de souvenirs, sur un officier de la garde du Tsar qui était le frère de l'officier de Kaboul.

— Venez-vous en secret préparer la guerre contre les Argentins? lui glissa Candide dans l'oreille.

— Point du tout, répondit l'officier en se servant des mêmes mots que son frère. Je tiens le général Videla pour le plus honnête homme du monde.

— Comment! dit Candide, avec un peu de vivacité. Il y a encore quelques semaines, vous assuriez que c'était un bourreau, un criminel, le fléau du genre humain! Et ceux qui n'étaient pas de votre avis, vous les accusiez d'être à la solde des planteurs de la Louisiane!

— Les choses ont changé, dit l'officier sans sourire. Il nous vend des grains? Il faut que vous appreniez, jeune homme, que la philosophie du vieux Pangloss a été remplacée par une doctrine nouvelle : on l'appelle la dialectique. Elle permet le lendemain ce qui était défendu la veille; et elle défend aux autres ce qu'on se permet à soi-même. C'est le progrès.

*

71 **le bourreau** ici: qn qui martyrise qn physiquement ou moralement — **le fléau** catastrophe, personne nuisible.

Candide, un peu troublé par ce qu'il entendait, se dit qu'il en avait plus appris en quelques jours qu'un négociant en arachides au cours de plusieurs années. On lui avait assuré que les vieilles et solides traditions, les vertus des aïeux, le goût des armes, le culte de la terre des ancêtres n'étaient plus préservés que chez le Tsar de toutes les Russies. Il s'embarqua à nouveau pour aller le saluer.

Le Tsar n'était pas content non plus.

— Personne n'a l'air content nulle part, remarqua Candide. Je finirai par croire que les hommes étaient plus heureux hier.

— Ma foi! répondit le Tsar, c'est bien possible. Mais moi, j'ai des motifs d'être extrêmement malcontent. Figurez-vous que je voulais donner une grande fête où seigneurs et demoiselles auraient couru en tous sens, sauté, dansé, jeté des flèches et des boules au loin, nagé dans des bassins et monté des chevaux d'acier. C'était une jolie idée. Or, voilà que des pédants de collège découvrent que je suis le Tsar.

— Qu'est-ce à dire? demanda Candide. Ne le savaient-ils donc pas?

— Certes oui, dit le Tsar, ils le savaient très bien. Mais ils ne voulaient pas le savoir. Beaucoup de philosophes que votre ami Pangloss connaît bien ont écrit de très gros livres pour expliquer qui je suis. Et mes poètes, mes historiens, mes littérateurs n'ont cessé de parcourir tous les pays du monde en disant sur moi des choses que je n'approuve point, mais qui auraient pu ouvrir les yeux des myopes, des borgnes et même des aveugles. Rien à faire : tous voulaient être mes amis et venir à ma fête. Et puis voilà, tout à coup, qu'ils découvrent que je suis le Tsar : un tyran, un ogre, un mangeur d'enfants, je ne sais quoi encore. Mais enfin, tout de même! Vous qui me connaissez bien : je n'ai pas changé, je ne change jamais. Petit-fils de Pierre le Grand, éduqué par mes précepteurs, les bons docteurs Vladimir Ilitch et Iossif Vissarionovitch, je suis resté tel que votre ami, le marquis de Custine, m'a dépeint pour toujours.

Candide eut presque pitié du Tsar : il trouvait, lui aussi, que les ennemis de Moscou et de Saint-Pétersbourg étaient légers et aveugles.

*

Sur le chemin du retour vers son jardin qu'il regrettait déjà d'avoir quitté, Candide voulut passer par le pays des Iroquois et des Sioux. Il rencontra le père d'un de ceux qui étaient encore détenus dans les prisons de la Perse.

— Les uns assurent que vous êtes très forts; et les autres, que vous êtes très faibles, lui dit Candide. Etes-vous très forts ou très faibles?

— Pendant trente ans, lui dit l'Indien, nous avons été très forts. Mais nous nous sommes montrés très faibles.

80 **le négociant** commerçant — **l'arachide** (f) (cacahuète) Erdnuß — 81 **les aïeux** (m) ancêtres (Vorfahren) — 89 **en tous sens** dans toutes les directions — 90 **le bassin** piscine — 97 (le) **myope** personne qui a la vue courte — (le) **borgne** qui n'a qu'un seul œil — 99 **l'ogre** (m) géant des contes de fées se nourrissant de chaire humaine — 101 **le précepteur** personne chargée de l'éducation d'un enfant (de famille riche) qui ne fréquente pas un établissement scolaire — 102 **Vladimir Ilitch** prénoms de Lénine — **Iossif Vissarionovitch** prénoms de Staline — 103 **Custine** (Adam Philippe, comte de) général français (1740—1793).

— Et maintenant? demanda Candide.

— Maintenant, répondit l'Indien, nous sommes très faibles.

— Eh bien! lui dit Candide, j'espère que vous vous montrerez très forts.

— Ce n'est pas impossible, reprit l'Indien. Il y a quelques semaines encore, quand tout allait bien, notre Grand Sachem était bien méprisé. Aujourd'hui que tout va mal, il est très admiré.

Candide demanda avec naïveté par quel miracle la réputation du Grand Sachem grimpait si brusquement dans l'esprit des Sioux et des Iroquois.

— C'est très simple, répondit l'Indien : il fait exactement le contraire de tout ce que nous lui avions demandé et de tout ce qu'il avait promis. Comment ne serions-nous pas contents d'avoir un tel chef à notre tête?

— Je ne crois plus à rien, dit Candide, en rentrant, à la belle Cunégonde, à Pangloss, au fidèle Cacambo et à frère Giroflée. Et ce monde est trop bête.

Jean d'Ormesson, «Le retour de Candide» dans: Le Figaro Magazine, 9 février 1980

I. Questions et devoirs

1. Transposez l'épisode de l'entretien avec «le baron de Ghotbzadeh» dans l'actualité moderne.
2. La conversation entre Candide et l'officier du Tsar: à quels événements de l'actualité fait-elle allusion?
3. Dépouillez l'aventure de Candide en Argentine de l'ironie en insistant sur le noyau thématique de ce passage.
4. Qui est «le Tsar»? De quoi se plaint-il?
5. Dégagez la raillerie de l'auteur dans le passage qui traite du «Grand Sachem».

II. Le style

1. Relevez des éléments comiques dans ce texte qui a été écrit «à la manière de» Voltaire.
2. Le Candide de d'Ormesson a-t-il la fonction de servir de porte-parole de l'auteur?
3. Voyez-vous dans la tendance de ce texte une attitude qui reflète la position française dans le jeu de la politique internationale?

III. Sujets d'étude

1. Y a-t-il des passages dont vous ne comprenez pas le rapport avec l'actualité? Renseignez-vous auprès de vos camarades ou d'un professeur (d'histoire, de préférence). Ensuite analysez le passage.
2. Comparez ce texte à un passage du «Candide» de Voltaire. D'Ormesson imite-t-il bien le style de Voltaire? Relevez des exemples à l'appui de votre thèse.

117 **le sachem** [saʃem] membre du conseil de la nation, chez certaines tribus indiennes de l'Amérique du Nord.